国学史纲

李志军 著

华夏出版社
HUAXIA PUBLISHING HOUSE

图书在版编目（CIP）数据

国学史纲 / 李志军著. -- 北京：华夏出版社有限公司，2024. -- ISBN 978-7-5222-0759-9

Ⅰ. K22

中国国家版本馆 CIP 数据核字第 2024DQ1518 号

国学史纲

作　　者　李志军
责任编辑　龚　雪
责任印制　周　然

出版发行　华夏出版社有限公司
经　　销　新华书店
印　　装　河北宝昌佳彩印刷有限公司
版　　次　2024 年 10 月北京第 1 版
　　　　　2024 年 10 月北京第 1 次印刷
开　　本　880mm×1230mm　1/32 开
印　　张　8.875
字　　数　176 千字
定　　价　69.00 元

华夏出版社有限公司　地址：北京市东直门外香河园北里 4 号　邮编：100028
　　　　　　　　　　网址：www.hxph.com.cn　　电话：(010) 64618981
若发现本版图书有印装质量问题，请与我社营销中心联系调换。

年少曾苦困渡津，江山胜处再登门。
波心不知金陵梦，荡漾依旧几朵云。

——《太湖重游》

丙申冬录旧作，志军于洛阳。

自 序

这本小册子，不是纯粹的学术研究成果，而是探究圣贤之心之作。

八年前，研读《华严经》。一日，忽见经书大放光明，八十万字，一一都是"空"字。尔后，再读"五经四书"及老庄诸先贤之书，均见背后有一颗干干净净的心，叹云："一切贤圣，皆以无为法而有差别，真实不虚也！"

原打算七十岁时，重读经典，将所感所悟梳理一下。

先生王澄创建国学博览馆，分为"经史"和"艺文"两部分，展示国学精要，命余主笔"经史"部分。只好仓促"下厨"，做了一锅"夹生饭"。

连经带史，夹叙夹议，初稿写了二十四万字。先生说："删。"

删到了十六万字。先生说:"再删。版面有限,只能八万字。"

我说:"孔子作《春秋》,涵盖二百四十二年,用了一万六千字,就微言大义了。这可是五千年啊!"

讨价还价,不超过九万字。

删定后,文字精致得像一根被狗舔了三个月的骨头。先生一读:"太生硬了,得把骨头煲成汤。"

于是乎,便有了这一本说文言不文言、说白话不白话的小册子。今欲出版,名曰"国学史纲"。

按照学术习惯,本书划分为"先秦""秦汉""魏晋南北朝""隋唐""两宋""明清"六个部分。

先秦经典,乃国学之根源所在。儒家的"五经四书"及荀子,道家的老子、庄子,加上墨子和韩非子,共十四篇,直接以名为题。自秦汉至隋唐,乃"道"之时用,又有佛教注入融合,各种学说之形成与发展,自有其潜跃吞吐、起承转合,故以其脉络为标题。两宋明清,诸儒相继出现,发明性理,警世醒人,故以姓名为标题。

除"经史部"外,另有为"艺文部"写的八篇文章(其中四篇与刘炜弢先生合作),一并附于后。

本书写作,一是借用马克思的"细胞解剖法",选取经典中的一段文字,通常是开篇部分,如《易经》的第一卦乾卦、《诗经》的第一首《关雎》、庄子的第一篇《逍遥游》、《春秋》的前两句话、《论语》的前两句话等,剖析透彻,则往圣先贤济世活人之良苦用心跃然纸上矣!

二是述而不作。其中又二。一者，所祖述者，非惟录孔孟之言，会尧舜之意，乃印圣人之心、明天地之道也。二者，以经解经，以圣贤注圣贤。文中持论，均非在下发明，前贤之述备焉。

丁酉新春于空中楼阁

前 言

关于国学,谈几个问题。

一、何为国学

国学者,圣贤之学也。
圣贤之学者,成圣成贤之学也。
"自天子以至于庶人,壹是皆以修身为本。"(《大学》)
可以用八个字来概括:内圣、外王、天理、良心。
亦可一言以蔽之,曰:"心"。

二、何为"心"

每个人都有两颗心。一颗"心"用来做事,一颗"心"用来省察。就连小孩子做错了事,也会不由自主地脸红。因为我们的心中,还有另外一颗心,就是老百姓说的"良心"。

问题是,讲天理,讲良心,大都只是要求别人的,或者做给别人看的。更为恶劣的是,如我们小时候所批判的"满口仁义道德,一肚子男盗女娼",的的确确存在。

庄子说:"是故内圣外王之道,暗而不明,郁而不发,天下之人各为其所欲焉以自为方。"(《庄子·天下》)

因为漫无边际的私欲,把这颗"心"给蒙蔽了,遗忘了,甚至毁坏掉了。

国学即心学。无论是儒、是释、是道,讲的都是反求诸己,找到自己的心。

找回自己之心者,就是圣人、佛、真人。

三、圣人

中华文明,以圣人之道为中心。

圣人是道的化身、人性的化身、真善美的化身。和西方的圣人一样,乃"道成肉身"者。

不同之处,在中国,人人都可以成为圣人,人人都可以

成佛。程伊川说:"君子之学,必至于圣人而后已。"(《二程集·伊川先生语十一》)

四、国学史

国学"史",这个提法是有问题的。

千古圣人,唯此一心。不仅仅是圣人,大凡人类,容貌各异,性情各异,思想各异,唯有此清净本心是同此一心。此"心",无古无今,不生不灭,无方无隅,涵含宇宙。

古之圣人所得,是此心;今之圣人所得,亦是此心;将来圣人所得,仍是此心。没有变异,何来历史?

国学史,非国学史,是名国学史。就像登泰山,泰山极顶是永恒的,"会当凌绝顶,一览众山小"时的襟抱是相同的,所能言为史者,只有"登山"史。

"一切贤圣,皆以无为法而有差别。"(《金刚经》)

贤圣也是凡人,不失赤子之心而已。

每个时代,都有无数的圣贤生活在我们中间,和光同尘,不求闻达。每当到了社会黑暗、人心沦丧的关键时刻,他们就会站出来,点亮人们心中的良心之灯。

只要有人的存在,良心就不会泯灭,国学就不会断绝。

国学史,是圣贤们对"心"的呼唤史、发明史和自净其意的修行史。

国学史,是"心"的历史,是"空"的历史。

五、面对国学

对国学,我们诵读也好,研究也好,膜拜也好,遗忘也好,批判也好,打倒也好,其实与国学都没有关系。

就像站在镜子面前,我们自赏也好,沮丧也好,欢喜也好,愤怒也好,甚至把镜子砸碎也好,与镜子一点关系都没有。

圣人的境界是大海。我们可以选择走向荒漠,也可以选择走向大海。

我们在大海里游泳,有的游得快,有的游得远,有的潜得深,有的花样多,这些其实都与大海没有关系。

面对圣人,也许我们唯一要做的,不是游泳,而是把自己融化,变成大海里的一滴水,或者一朵小小的浪花。

果真如此,就拥有了整个海洋,拥有了大地蓝天、日月星辰。

六、"观"与"化"

中国圣人的学问是"坐"出来的。有两个字最为关键,一个是"观",一个是"化"。

"观"者,外观天地万物,内观自心。观天地万物,以道观;观自心,以空观;其实则一。心在观,心在说,心在听。观到了多少,听到了多少,就懂得了多少。

"化"者,先是心灵的转化,最终是身体的转化。

七、国学与现代化

很多人在争论国学的现代化问题。其实这是一个伪命题。

我们买了一套新房,第一件事就是把房子打扫干净。至于用作卧室、客厅,或者工作室,至于摆设的家具是欧式的还是中式的、古典的或是现代的,与房间的清洁与否,有什么关系?

国学,无论是儒,是释,还是道,都是要把我们的心灵清扫干净。我们是什么人,过什么样式的生活,都市的还是山野的,与是否拥有一片空明洞达的心灵毫无关系。

让我们把心灵的房间打扫得干干净净吧!

目 录

第一编 先秦

概　说 / 003

《易经》/ 008

《尚书》/ 019

《诗经》/ 024

《春秋》/ 029

《礼经》/ 033

附一 《大学》/ 037

附二 《中庸》/ 041

《论语》/ 046

老　子 / 053

墨　子 / 062

孟　子 / 066

庄　子 / 075

荀　子 / 084

韩非子 / 089

第二编 秦汉

概　说　/ 097
大一统　/ 099
黄老之术　/ 102
独尊儒术　/ 104
《春秋》经世　/ 108
《史记》/ 112
谋篡与复古　/ 115
清议与党锢　/ 119

第三编 魏晋南北朝

概　说　/ 125
正始之音　/ 127
竹林七贤　/ 131
佛学与玄学　/ 134
僧肇与道生　/ 137
崇佛与灭佛　/ 143
真心与妄心　/ 147
经学的坚守　/ 150

第四编　隋唐

概　说　/ 155
隋文帝与唐太宗　/ 158
经学的统一与衰微　/ 161
三论宗与唯识宗　/ 163
天台宗　/ 167
华严宗　/ 171
禅　宗　/ 175
儒者的回应　/ 178

第五编　两宋

概　说　/ 185
周敦颐　/ 187
邵　雍　/ 192
张　载　/ 195
程　颢　/ 199
程　颐　/ 204
朱　熹　/ 207
陆九渊　/ 211

第六编　明清

概　说 / 219
王阳明 / 221
王　艮 / 227
李　贽 / 231
王夫之 / 235
乾嘉学派　/ 240
曾国藩 / 248
康有为　/ 251

跋　/ 255
参考文献　/ 257

第一编 先秦

/ 概　说 /

中国人的历史，始于圣人之世。

圣人，是中国人的道德典范和理想人格的化身。

圣人之世，是中国人的"理想国"。中国人喜言古，不是喜欢过蛮荒生活，而是托古匡今，期盼"理想国"的真正来临。

德合元者称"皇"，合天者称"帝"。三皇五帝，都是得道者，内圣而外王，德配天地而教化百姓，造福人类。庄子云："古之人其备乎！配神明，醇天地，育万物，和天下，泽及百姓。"（《庄子·天下》）

三皇，为燧人氏、伏羲氏、神农氏。

燧人氏钻燧出火，建立礼制。礼让，是为人与禽兽之区别、文明与野蛮之分野。《礼记·礼运》云："夫礼之初,始诸饮食。"家庭、家族、部落围火而坐,祭祀祖先,分享食物,礼制由此而生。

伏羲氏制八卦,造书契,分阴阳,制嫁娶,以夫妻为单元的家庭制度逐渐确立。家、邦、国、天下逐渐形成。故伏羲为首出之君,孔子赞《易》,极称伏羲之功。

神农氏即炎帝,始种五谷以为民食,制作耒耜以利耕耘,遍尝百草以医民恙,治麻为布以御民寒,陶冶器物以储民用,削桐为琴为怡民情,日中为市以利民生,剡木为矢以安民居。和谐安定的社会逐渐形成。

轩辕氏兴,是为黄帝。炎黄二氏,从战争到和平,人民融合。自此,华夏儿女皆称为"炎黄子孙"。

黄帝又擒杀蚩尤,建立文治,监于万国,治理百姓。领土东至于海,西至甘肃、宁夏,南至于江,北逐荤粥(匈奴),邑于涿鹿之阿。

黄帝死,其子孙颛顼、帝喾、尧,相继为帝,尧传天下于舜,是为五帝。

上古已有经典。相传,仓颉造字,天雨粟,鬼夜哭。《尚书·序》称:"伏羲、神农、黄帝之书谓之《三坟》,言大道也。少昊、颛顼、高辛、唐、虞之书,谓之《五典》,言常道也。至于夏、商、周之书,虽设教不伦,雅诰奥义,其归一揆,是故历代宝之,以为大训。八卦之说,谓之《八索》,求其义也。九州之志,谓之《九丘》。丘,聚也,言九州所有土地所生、风气所宜，皆聚此书也。"

"三坟五典，八索九丘"均已失传。

春秋之世，异说竞起。庄子云："后世之学者，不幸不见天地之纯，古人之大体。道术将为天下裂。"（《庄子·天下》）

据传孔子整理编撰了《诗》《书》《礼》《易》《乐》《春秋》，彰明天道，以正视听。

古来学在官府。礼、乐、射、御、书、数，此六艺者，为贵族之学，由师氏、保氏教之。

孔子致力于在民间培养君子。

孔子所教，乃君子之道。"君子"，不再代表出身和地位，而是人格德行的象征。

礼的核心是"仁"。"人而不仁，如礼何？人而不仁，如乐何？"（《论语·八佾》）关键是如何在泛滥的欲望中寻找到"仁"？这点星火之光，存在于父母兄弟亲情之爱的天性之中。孔子以此点为支撑，建立起了儒家学说。

《史记·孔子世家》云："孔子以《诗》《书》《礼》《乐》教，弟子盖三千焉，身通六艺者七十有二人，如颜浊邹之徒，颇受业者甚众。"孔子之后，弟子们分散讲学，继续将儒家学说发扬光大。

和孔子一样，孟子也在寻找内在于人性的善的光辉。他在人心之中找到了仁、义、礼、智的萌芽。"求则得之，舍则失之"（《孟子·尽心上》），"苟能充之，足以保四海；苟不充之，不足以事父母"（《孟子·公孙丑上》）。

第一编 先 秦

孟子认为人性本善，扩充善端，可以"所过者化，所存者神，上下与天地同流"（《孟子·尽心上》）；荀子认为人性本恶，礼法教化，化性起伪，"积善而不息，则通于神明，参于天地矣"（《荀子·性恶》）。二人殊途而同归。

子夏、子游、漆雕等传经之儒的贡献，是在历史中慢慢显示出来的。庄子说："其明而在数度者，旧法、世传之史尚多有之；其在于《诗》《书》《礼》《乐》者，邹鲁之士、搢绅先生多能明之。"（《庄子·天下》）

孔子的遗产并非仅儒家继承。

墨子先是"学儒者之业，受孔子之术"，后"背周道而用夏政"（《淮南子·要略》），另立门户，提倡"兼爱"学说。不同于儒家的礼乐教化，墨子的原则是：行动。

孔子培养忠臣贤相。老子所传，则是远古圣人的君人南面之术。"以天为宗，以德为本，以道为门，兆于变化，谓之圣人。"（《庄子·天下》）圣人以无为本，无为而治。

庄子把内圣之道推到了极致，"独与天地精神往来，而不敖倪于万物，不谴是非，以与世俗处"（《庄子·天下》）。心灵无限超越，"得其环中，以应无穷"（《庄子·齐物论》），可以解决所有的社会问题，"其应于化而解于物也，其理不竭，其来不蜕，芒乎昧乎，未之尽者"（《庄子·天下》）。

法家也没有离开儒家，法治是礼治的延伸。魏文侯、田子方、段干木、李悝、吴起等都从学于大儒子夏。李斯则是荀子的弟子。苏东坡在《荀卿论》中说："荀卿明王道，述礼乐，而李斯以其学乱天下。"

　　为了强国争霸，有眼光的诸侯都大开招贤纳士之门。最为著名的，莫过于齐国的"稷下学宫"。都城临淄，几乎集中了当时各家各派的学者，绵延达一个半世纪之久。《史记》载："宣王喜文学游说之士，自如邹衍、淳于髡、田骈、接子、慎到、环渊之徒七十六人，皆赐列第，为上大夫，不治而议论。是以齐稷下之士复盛。"

　　诸子百家思想的发展，阴阳相对，起承转合。有老子之极冷，有孔子之极热。儒家行不通，乃有墨子之大公无私，又有杨子之绝对为我，再有孟子之复归中庸。孟子主养心，由内及外，荀子主修身，由外及内。又有两个极端，庄子游心方外，法家着眼现实。刘安《淮南子》说："百川异源而皆归于海，百家殊业而皆务于治。"尽管经世方法各异，但济世安民始终是诸子的关怀。他们都有深厚的社会责任感。

《易经》

不读《易经》，不知中国文化之根源；不读《易经》，不知远古圣人之慧命。春秋战国、两汉、魏晋、隋唐、两宋、明清，每当中华民族到了危急的关头，往圣先贤都会深入研究《易经》，从中汲取道德与智慧的力量。

《易经》乃天人之学，因天道、地道而明人道。

宇宙的本元，乃是绝对的善，生命是宇宙的核心。所谓"元，亨，利，贞"者，就是以生命为核心的宇宙万物，对善"元"的分有与回归。

大易之道，乃至善之道。

"《易》与天地准，故能弥纶天地之道。"（《周易·系辞传上》)《易经》是远古圣人对宇宙人生的体悟。

《汉书·艺文志》说:"《易》道深矣,人更三圣,世历三古。"《易经》的完成,经历了三个历史时期。

一、上古时期,伏羲作八卦

《周易·系辞传下》曰:"古者包牺氏(伏羲氏)之王天下也,仰则观象于天,俯则观法于地,观鸟兽之文与地之宜,近取诸身,远取诸物,于是始作八卦,以通神明之德,以类万物之情。"

焦循《易话》中云:"学易者,必先知伏羲未作八卦之前,是何世界;伏羲作八卦重为六十四,何以能治天下;神农、尧、舜、文王、周公、孔子,何奉此卦画为万古修己治人之道。"

圣人画八卦,一阴一阳,上、中、下三位。上位为天,下位为地,中位为人。人立于天地之间。

八卦为乾、坤、震、巽、坎、离、艮、兑。取法物象,象征天、地、雷、风、水、火、山、泽。取法人伦,代表父、母、长男、长女、次男、次女、少男、少女。其卦德,乾为健、坤为顺、震为动、巽为入、坎为陷、离为丽、艮为止、兑为说。

二、中古时期，周文王推演八卦

史载，西伯姬昌被纣王囚禁在羑里城，推演《易》。《周易·系辞传下》曰："《易》之兴也，其当殷之末世，周之盛德耶？当文王与纣之事耶？是故其辞危。"

文王如何推演八卦？大致有三种说法。

第一种说法，司马迁认为是文王将八卦两两相重，变为六十四卦。居下者称为"下卦"（也称"内卦"），居上者称为"上卦"（也称"外卦"）。

亦有人言，重卦者为伏羲、神农、舜、禹，或其他圣人。

周之前，夏有《连山易》，商有《归藏易》。

《连山易》以纯艮为首，艮为山，山上山下是名连山，云气出内（纳）于山，故名为《连山》。

《归藏易》以纯坤为首，坤为地，故万物莫不归而藏于中，故名为《归藏》。

文王所演之易，以纯乾为首，乾为天，天能周历于四时，故名《周易》。

第二种说法，伏羲所画为先天八卦，文王所演为后天八卦。

先天八卦，乾南坤北，离东坎西，谓之"四正"，震、兑、巽、艮则居于四隅，各得其位，寂然不动，为体。

后天八卦，离南坎北，震东兑西，乾、坤、艮、巽则居于四隅，为旋转动荡之象，此感而遂通之用。

先天八卦图　　　　　后天八卦图

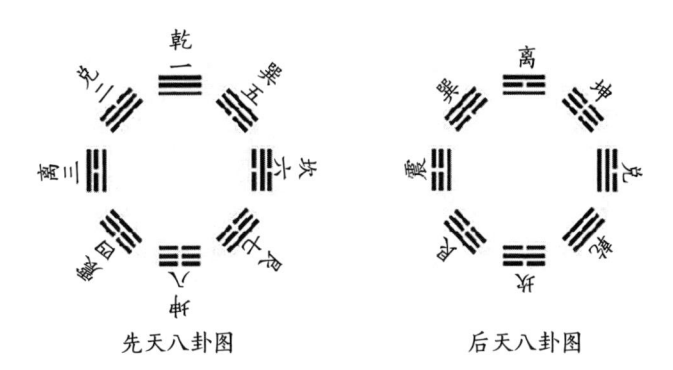

第三种说法，伏羲之世，书契未兴，有占而无文，有画而无辞，义理口口相传。文王作《卦辞》以发明伏羲未尽之意。而后，周公又作《爻辞》，以发明文王未尽之辞。

三、近古时期，孔子作《十翼》

晚年孔子，精心研《易》，撰写《易传》十篇，即上下《系辞传》、上下《彖》、上下《象》、《文言》、《说卦》、《序卦》、《杂卦》。因其诠释经文的大义，似本经之羽翼，故汉人形象地称之为《十翼》。

《连山》《归藏》均亡。《周易》得孔子作传而广传后世。

汉《易》重象数，经纶天地，抉幽通明，偏重外王之道。宋《易》重义理，省己诲人，明心见性，偏重内圣之学。清人有焦循者，以一爻旁通六十四卦三百八十四爻，曲尽孔子"韦编三绝"之旨。历代诸大儒理路不同，各得其所。

《周易》六十四卦，分上下两经。

上经从乾卦至离卦，共三十卦：乾、坤、屯、蒙、需、讼、师、比、小畜、履、泰、否、同人、大有、谦、豫、随、蛊、临、观、噬嗑、贲、剥、复、无妄、大畜、颐、大过、坎、离。

下经从咸卦至未济卦，共三十四卦：咸、恒、遁、大壮、晋、明夷、家人、睽、蹇、解、损、益、夬、姤、萃、升、困、井、革、鼎、震、艮、渐、归妹、丰、旅、巽、兑、涣、节、中孚、小过、既济、未济。

上经说天道，从乾坤二门开始；下经明人伦，从男女相感开始。

卦与卦之间，有严谨的内在结构。前卦后卦，非错即综，环环相扣，层层递进，意味深长。《序卦传》云："有天地，然后万物生焉。盈天地之间者，唯万物，故受之以屯；屯者，盈也，屯者物之始生也。物生必蒙，故受之以蒙；蒙者，蒙也，物之稚也。物稚不可不养也，故受之以需；需者，饮食之道也。饮食必有讼，故受之以讼。讼必有众起，故受之以师；师者，众也。"

原始要终。六十四卦，起于阴阳两分，终于阴阳和合。

乾，纯阳之卦，为天，为父。坤，纯阴之卦，为地，为母。

乾、坤二卦，讲天、地之道，为人之道立基。

天地定位，阴阳交合，生出其余六十二卦。

第六十三卦，"水火"既济，阳爻当阳位，阴爻当阴位，阴阳和谐。从卦象上看，完美无缺。然而，稳定总是暂时的，"亨，小利贞；初吉终乱"（《既济·彖》）。

第六十四卦，"火水"未济，与既济相反，阴爻占阳位，阳爻居阴位，完全乱套。而此时，恰恰是"君子之光，其晖吉也"（《未济·小象》）！

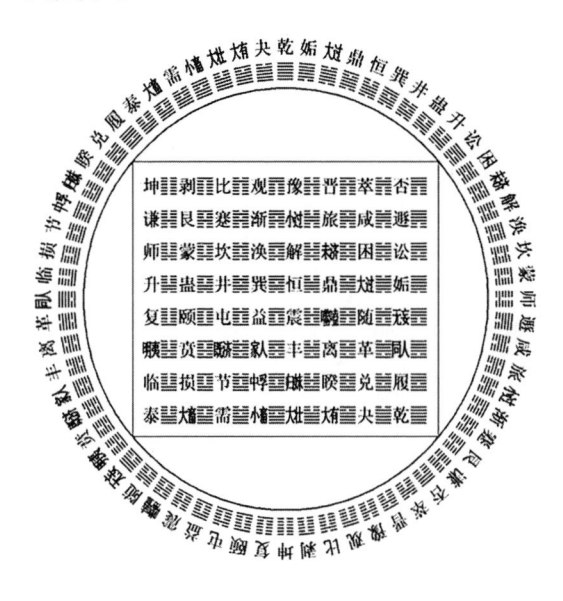

六十四卦图

天道循环。未济，是下一个轮回的开始。

《周易》每卦六爻，阴爻为"--"，称为"六"；阳爻为"—"，称为"九"。六爻的位置称作"爻位"，自下而上分别为"初""二""三""四""五""上"。如蒙卦（下坎上艮）自下而上的六爻分别称为"初六""九二""六三""六四""六五""上九"。

上二爻为天道，下二爻为地道，中间二爻为人道。天之道，曰阴与阳；地之道，曰柔和刚；人之道，曰仁与义。张载《正蒙》云："《易》为君子谋，不为小人谋，故撰德于卦。虽爻有小大，及系辞其爻，必谕之以君子之义。一物而两体，其太极之谓与！阴阳天道，象之成也；刚柔地道，法之效也；仁义人道，性之立也。三才两之，莫不有乾坤之道。"

"作《易》者，其有忧患乎？"（《周易·系辞传下》）人生无常，变化莫测。大《易》之主旨，全在于化失道为当位，正其序也。

以乾卦为例，看君子应当如何处世。

初九，潜龙勿用。

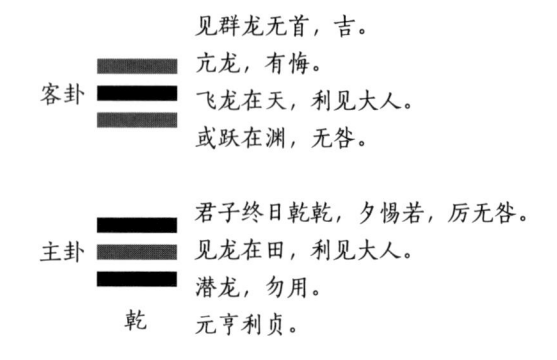

客卦
见群龙无首，吉。
亢龙，有悔。
飞龙在天，利见大人。
或跃在渊，无咎。

主卦
君子终日乾乾，夕惕若，厉无咎。
见龙在田，利见大人。
潜龙，勿用。

乾　元亨利贞。

乾以龙为象。龙之为物，灵变不测。所以，以龙象征乾道之变化，阳气之消息，圣人之进退。

一、二爻是地位。初九为事物之开端，阳气方萌。孔子说："龙德而隐者也。不易乎世，不成乎名，遁世无闷。不见是而无闷，乐则行之，忧则违之，确乎其不可拔，潜龙也。"（《周易·乾·文言》）

九二，见龙在田，利见大人。

龙出现于田，其德已著，利见大德之君，以行其道。君亦利见大德之臣，以共成其功。天下利见大德之人，以被其泽。孔子说："龙德而正中者也。庸言之信，庸行之谨，闲邪存其诚，善世而不伐，德博而化。"（《周易·乾·文言》）

九三，君子终日乾乾，夕惕若，厉无咎。

三、四是人位，故不称龙而称君子。九三虽是阳爻占居阳位，但在下卦不居中，与上卦九五的君位，还有九四相隔，处于尴尬两难的境地。《东坡易传》云，"此上下之际、祸福之交、成败之决也"，"夫初之可以能潜，二之所以能见，四之所以能跃，五之所以能飞，皆有待于三焉"。

君子困顿，不怨天，不尤人，只是三省其身，迁善改过。孔子说："君子进德修业。忠信，所以进德也；修辞立其诚，所以居业也。知至至之，可与几也。知终终之，可与存义也。是故居上位而不骄，在下位而不忧。故乾乾，因其时而惕，虽危而无咎矣。"（《周易·乾·文言》）

九四，或跃在渊，无咎。

渊，龙潜伏栖身之所。跃或不跃，要看时机。君子之动静，无不适时而为。孔子说："上下无常，非为邪也；进退无恒，非离群也。君子进德修业，欲及时也，故无咎。"（《周易·乾·文言》）

九五，飞龙在天，利见大人。

《东坡易传》云，"今之飞者，昔之潜者也"，"九二者，龙之安；九五者，龙之正也"。五、六进乎天位。圣人既得天位，则利见在下大德之人，与共成天下之事。天下亦利见大德之君。孔子说："同声相应，同气相求，水流湿，火就燥，云从龙，风从虎，圣人作而万物睹。本乎天者亲上，本乎地者亲下，则各从其类也。"(《周易·乾·文言》)

上九，亢龙，有悔。

《伊川易传》说："九五者，位之极中正者。得时之极，过此则亢矣。上九至于亢极，故有悔也。有过则有悔。唯圣人知进退存亡而无过，则不至于悔也。"孔子说："贵而无位，高而无民，贤人在下而无辅，是以动而有悔也。"(《周易·乾·文言》)

用九，见群龙无首，吉。

乾之六爻皆阳纯刚。阳极则阴生，用九乃显坤德。"群龙无首"，无我无为、廓然大公之境界，吉。

乾卦，尽管是纯阳之卦，仍有失位之时。君子如龙，或御云气，或入深渊，变化不一，上下因时。

王弼《周易略例》云："夫卦者，时也；爻者，适时之变者也。"君子因时而变。《周易·系辞传下》云："《易》穷则变，变则通，通则久。是以自天佑之，吉，无不利。"

通观六十四卦，都是讲君子如何顺承天命、与时俱进的。遇到否卦，天地不交，"小人道长，君子道消也"，此时，"君子以俭德辟难，不可荣以禄"；遇到临卦，"君子以教思无穷，容保民无疆"；遇到蹇卦，道穷，"君子以反身修德"；遇到损卦，"君子以惩忿窒欲"；遇到艮卦，君子当止则止，"君子以思不出其位"；遇到旅卦，则"君子以明慎用刑"；遇到兑卦，"君子以朋友讲习"；等等。(《周易·象传》)

《易》中有"三易"：变易，不易，简易。

第三十二卦为恒。上雷下风，"雷"转瞬即逝，"风"飘忽不定。世界是运动的，变易的。变化即永恒。《象传》曰："雷风，恒。君子以立不易方。"

变易的是世界，不易的是心。如同佛家所讲"随缘不变，不变随缘"。君子以空灵中正之心处世，或动或静，皆恰到好处。孔子被称为"圣之时者"，"时止则止，时行则行，动静不失其时，其道光明"(《周易·艮·象传》)。

人生如驾车。路况瞬息万变，是"变易"；静心平和，是"不易"；再复杂的局面，只要严格遵守交通法规，都能轻轻松松，安然无恙，是为"简易"。故荀子说："善为《易》者不占。"(《荀子·大略》)

《中庸》云："君子居易以俟命，小人行险以侥幸。"君子之心，干干净净，坦坦荡荡。打卦占卜，趋利避凶，投机钻营，非君子之所为也。

君子学《易》，有三重境界。

第一重境界，乾卦，至阳至健，"天行健，君子以自强不息"，此为"有我之境"，如菩萨之自度。

第二重境界，坤卦，至阴至柔，"地势坤，君子以厚德载物"，此为"无我之境"，如菩萨之度人。

第三重境界，天、地、人合一。《周易·系辞传上》云："《易》，无思也，无为也。寂然不动，感而遂通天下之故。非天下之至神，其孰能与于此！"

天地之大德曰生，天、地之道，是生命的运行，是生命的圆满与相续。生生之谓易，生而再生，永不停歇。整个宇宙为生命之洪流所弥漫贯注，一脉周流，生机勃勃，和谐共进。

何为天之道？"大哉乾元，万物资始，乃统天。云行雨施，品物流形。"（《周易·乾·彖传》）

何为地之道？"至哉坤元，万物资生，乃顺承天。坤厚载物，德合无疆。含弘光大，品物咸亨。"（《周易·坤·彖传》）

何为人之道？作为圣人，作为大人，作为君子，作为人，站立于天地之间，就是效天法地，以成德为行，"与天地合其德，与日月合其明，与四时合其序，与鬼神合其吉凶。先天而天弗违，后天而奉天时"（《周易·乾·文言》）。

《尚书》

《墨子》说："昔者周公旦朝读《书》百篇。"《尚书纬》说《书》原有三千二百四十篇。孔子删订为百篇，名之为《尚书》。尚，上也。或言上古之书，或言高尚之书。

章学诚说："夫子叙而述之，取其疏通知远，足以垂教矣。"（《文史通义·书教上》）《尚书》所录，为虞、夏、商、周各代典、谟、训、诰、誓、命等，寄托了儒家的人格理想与平治天下之道。

孔子说："唯天为大，唯尧则之。"（《论语·泰伯》）尧是《尚书》中出现的第一位圣王。

《尚书·尧典》云：

曰若稽古帝尧，曰放勋。钦、明、文、思、安安，允恭克让，光被四表，格于上下。

圣王出世，如拨云见日。帝尧智慧、仁慈、文雅、平和、谦恭，人性的光辉，感动天地，照耀四方。

克明俊德，以亲九族。九族既睦，平章百姓。百姓昭明，协和万邦。黎民于变时雍。

尧敬奉天命，以德服众。修身，齐家，治国，平天下——从九族，到百姓，到万邦，整个社会形成一个大一统而协和的整体。

舜的故事，告诉我们"圣王是怎样炼成的"。虞舜出身卑微，是个普普通通的山野农夫，因为美好的品行而继尧为帝，受到万世景仰。

《尚书·尧典》云："瞽子，父顽，母嚚，象傲；克谐以孝，烝烝乂，不格奸。"舜的父亲是个糊涂的盲人，继母骄横嚣张，弟弟象冥顽凶狠，三个人时刻密谋除掉舜。舜天性善良，完美地践行"孝悌"之道。

"君子之道，肇端乎夫妇"（《中庸》），尧帝又将自己的两个女儿下嫁虞舜，零距离进行考察。周敦颐《通书》云："家人离，必起于妇人，故《睽》次《家人》，以二女同居而志不同行也。尧所以厘降二女于妫汭，舜可禅乎？吾兹试矣。是治天下观于家，治家观身而已矣。"

"慎徽五典，五典克从。"(《尚书·舜典》)舜完善了"父义、母慈、兄友、弟恭、子孝"的人伦五典，成为华夏子孙的伦理准则和行为规范。

孟子说："大舜有大焉！善与人同，舍己从人，乐取于人以为善。"(《孟子·公孙丑上》)善心扩充，推己及人，柔远能迩，蛮夷率服；乃至推及所有生命，凤凰来仪，百兽率舞。

第三位圣王禹是践行的典范。我们看到了，应怎样工作，才能称得上是一位合格的领袖，才是真正的人民公仆。

时洪水滔天，浩浩怀山襄陵，人民在生死线上挣扎。《尚书·益稷》言大禹："予决九川，距四海，浚畎浍距川；暨稷播，奏庶艰食鲜食。懋迁有无，化居。烝民乃粒，万邦作乂。"《史记·夏本纪》载，大禹劳身焦思，居外十三年，三过家门不敢入。陆行乘车，水行乘船，泥行乘橇，山行乘檋，决川归海。于是，"九州攸同，四奥既居，九山刊旅，九川涤原，九泽既陂，四海会同"。大禹和后稷带领人民，驱赶野兽，播种粮食，发展贸易。大禹又重新规划被洪水淹没过的疆域，将天下分为九州。万邦各得其所，百姓安居乐业。

尧、舜、禹传国，皆为禅让。商汤、周武得天下，则为革命。

革命不是犯上作乱，而是"顺乎天而应乎人"。《尚书·皋陶谟》云："天聪明，自我民聪明；天明畏，自我民明威。"这是天命的核心，也是《尚书》一书的总纲。

《尚书·汤誓》云，"有夏多罪，天命殛之"，百姓怨恨夏

王,恨不得与之同归于尽,"时日曷丧,予及汝皆亡"。商汤说:"夏德若兹,今朕必往。"(《尚书·汤誓》)

汤从葛国开始征讨,一统天下。人民都盼望早日得到解放,以至于"东面而征西夷怨,南面而征北狄怨,曰:'奚为后我?'民之望之,若大旱之望雨也"(《孟子·滕文公下》)。

武王伐纣更不用说,"恭行天之伐"(《尚书·甘誓》)。就连微子、箕子、比干等殷商大臣,也认为"殷既错天命","天毒降灾荒殷邦"。(《尚书·微子》)

武王访箕子,请教如何才能顺承天意,庇荫万民。箕子乃言,往昔之时,大禹治水成功,上天赐予"五行、五事、八政、五纪、皇极、三德、稽疑、庶征、五福六极"等九条治国大法,是为"洪范九畴"。商纣王不遵守天命,箕子乃传之于周武王。

"皇极"为"天命"的最高道德标准:"无偏无陂,遵王之义;无有作好,遵王之道;无有作恶,遵王之路。无偏无党,王道荡荡;无党无偏,王道平平;无反无侧,王道正直。"(《尚书·洪范》)

"元圣"周公,千古完人。

周公旦,文王之四子,武王之弟。早年辅佐文王和武王,兴周灭商。后辅佐成王,摄政当国。他出将入相,平定叛乱,营建成周,安抚殷商旧民,功勋盖世。《尚书大传》将其功绩概括为:"一年救乱,二年克殷,三年践奄,四年建侯卫,五年营成周,六年制礼乐,七年致政成王。"

周公宅心仁厚,要求成王"先知稼穑之艰难",卑服勤政,

"徽柔懿恭，怀保小民，惠鲜鳏寡"(《尚书·无逸》)。

周公是践行孝、悌、忠、义的典范。对父亲、哥哥、侄子，都是赤胆忠心。

成王长大后，周公还政于王，甘居下僚，维护巩固了确立不久的嫡长子继承制。这一制度延续数千年，是避免王室纷争和国家分裂的重要保证。

在夺天下的武王之后，出现了不夺天下的周公，孔子把"革命"与"谋篡"严格区分开来。

周公是一面镜子，把诸葛亮为代表的良相与曹操为代表的权奸，照得清清楚楚。

"周公吐哺，天下归心"，与士大夫共治天下的宰相制度，成为理想的政治模式。

贾谊说："文王有大德而功未就，武王有大功而治未成。"(《新书·礼容语下》)周公集大德大功大治于一身。孔子之前，黄帝之后，于中国有大关系者，周公一人而已。

/《诗经》/

关关雎鸠，在河之洲。窈窕淑女，君子好逑。
参差荇菜，左右流之。窈窕淑女，寤寐求之。
求之不得，寤寐思服。悠哉悠哉，辗转反侧。
参差荇菜，左右采之。窈窕淑女，琴瑟友之。
参差荇菜，左右芼之。窈窕淑女，钟鼓乐之。

——《诗经·关雎》

《关雎》是《诗经》的第一首诗，可以说是千古以来流传最广的诗之一。现代学者多视其为民间爱情诗，误矣！

"窈"，深远，幽静。"窕"，愉也。"淑"，清湛也。娴雅，阳光，贞洁，这位少女，乃中华女子几千年传统美德的化身。

诗中少年，是一位多才多艺、文质彬彬的谦谦君子。"琴瑟友之""钟鼓乐之"，向心仪的女孩展示自己的魅力而又尊重她的选择；"求之不得，寤寐思服。悠哉悠哉，辗转反侧"，感情真挚深沉；这是"正心"的体现，也是"修身"的典范。这样的君子，将来定会成为和尧舜一样"文思安安，允恭克让"的有道君子。

少男少女，如同在河之洲的雎鸠，贞洁慎匹，以声相应，以礼相求，不是野蛮的抢婚。

《毛诗序》云："《关雎》，后妃之德也。"

《诗经》的第一首诗，讲的是"皇后的恋爱故事"。

皇后的品德如何，关乎社稷的安危。司马迁说："夏之兴也以涂山，而桀之放也以末喜。殷之兴也以有娀，纣之杀也嬖妲己。周之兴也以姜原及大任，而幽王之禽也淫于褒姒。"（《史记·外戚世家序》）

国家兴衰，始于衽席。故《周易》从乾坤开始，《诗经》从淑女君子开始，"夫妇之际，人道之大伦也"（《史记·外戚世家序》）。

治国，平天下，以家庭为基础；家庭，以婚姻为核心；婚姻，以恋爱为开端。《列女传》云："夫男女之盛，合之以礼，则父子生焉，君臣成焉，故为万物始。"

所谓"母仪天下"，皇后是天下女性的楷模。《毛诗序》云：

"风之始也,所以风天下而正夫妇也。故用之乡人焉,用之邦国焉。"

每一对少女少男,都是如此的淑女,如此的君子,则天下太平矣!

孔子说:"《关雎》乐而不淫,哀而不伤。"(《论语·八佾》)这也是《诗经》的基调。

华夏文明,自远古时就有了成熟而优美的音乐、诗歌。

司马迁说:"古者,《诗》三千余篇。"(《史记·孔子世家》)尧舜之时,君臣作诗唱和,载歌载舞。孔子赞美舜帝的韶乐,"尽美矣!又尽善也",为之"三月不知肉味"。商代之诗,仅存《颂》,而无《风》《雅》。周文王、周武王之时,已有《风》和《雅》,"及成王、周公致大平,制礼作乐,而有《颂》声兴焉"。相传,周宣王大臣尹吉甫曾编辑《诗》,其被尊称为中华诗祖。

孔子说:"温柔敦厚,诗教也。"(《礼记·经解》)圣人教化,其核心是"美育"。焦循《毛诗补疏序》中云:"不质直言之,而比兴言之;不言理而言情,不务胜人,而务感人。"

厉王、幽王之后,周室大坏,充满怨恨与暴力的音乐风行,"众国纷然,刺怨相寻。五霸之末,上无天子,下无方伯,善者谁赏?恶者谁罚?纪纲绝矣"(《毛诗正义·诗谱序》)。

鲁哀公十一年(公元前484年)冬,孔子结束了十四年游历不定的生活,从卫国返回鲁国,整理乐诗。"取可施于礼义"者,分为《风》《雅》《颂》三部分,"三百五篇,孔子皆弦歌

之",以合乎古圣王中正平和之声,"礼乐自此可得而述,以备王道,成六艺"。(《史记·孔子世家》)

风、雅、颂、赋、比、兴,称为"六诗"。

《风》《雅》《颂》的区别在于歌唱的场合不同。场合不同,内容与功用自然不同。赋、比、兴的不同,在于表达的方式。

《风》是民间流行歌曲。郑玄云:"风,言贤圣治道之遗化也。"上以"风"化下,下以"风"刺上。

对上劝诫君王,对下教化百姓,正是孔子编《诗》的目的,故以《风》为首,亦以《风》为重。

孔子编选《周南》《召南》《邶风》《鄘风》《卫风》《郑风》等,共"十五国风"。周、召之地,为周公旦、召公奭之采地。《周南》是圣人治道遗化,《召南》是贤人治道遗化,二者为"正风"。自《邶风》《鄘风》以下,为贤哲君子、劳人思妇的伤时感遇之作,为"变风"。

《雅》是朝会、燕乐时的音乐,以正王政。《毛诗序》云:"雅者,正也。言王政之所由废兴也。政有小大,故有《小雅》焉,有《大雅》焉。"

《颂》主要是宗庙乐歌,以颂赞先王,而遵奉天道者。《毛诗序》云:凡言颂者,"美盛德之形容,以其成功,告于神明者也"。

"赋",直抒胸臆,陈说国君善恶,"敷陈其事而直言之也"(《毛诗序》)。

"比",国君有过失,不好直接批评,用比喻来开导,"以彼物比此物也"(《毛诗序》)。

"兴",国君、大人有美德,当面歌颂,有媚上之嫌,"先言他物以引起所咏之词也"(《毛诗序》),取善事以喻劝之者,谓若《关雎》,兴后妃之类是也。

《毛诗序》说:"诗者,志之所之也。在心为志,发言为诗。情动于中而形于言,言之不足故嗟叹之,嗟叹之不足故咏歌之,咏歌之不足,不知手之舞之足之蹈之也。情发于声,声成文谓之音,治世之音安以乐,其政和;乱世之音怨以怒,其政乖;亡国之音哀以思,其民困。故正得失,动天地,感鬼神,莫近于《诗》。"

孔子说:"《诗》三百,一言以蔽之,曰'思无邪'。"(《论语·为政》)

"思无邪",是生命的真诚,是对人性的礼赞。

/《春秋》/

孔子之所以为万世师表者,首在《春秋》一书。

"列国之中干戈后,弑君不啻宰鸡牛。"(《刺王僚》)东周后期,臣弑其君,子弑其父,如同家常便饭。《史记》云:"弑君三十六,亡国五十二,诸侯奔走不得保其社稷者不可胜数。"孔子周游列国,大大小小拜见了七十多位诸侯,劝行仁义,毫无结果。

孔子说:"我欲载之空言,不如见之于行事之深切著明也。"(《史记·太史公自序》)乃西观周室,据《鲁史》而作《春秋》。

孔子笔削《鲁史》,不过十取其一,或大事而不载,或细事而详书。从鲁隐公记述到鲁哀公,历十二代君主,计二百四十二年。

《春秋》字字针砭,极其精确,弟子"子夏之徒不能赞一词"，被称为"《春秋》笔法"。左丘明赞叹："《春秋》之称，微而显，志而晦，婉而成章，尽而不污，惩恶而劝善，非贤人谁能修之？"(《左传·成公十四年》)

试比较一下《鲁史》与《春秋》的异同，则知何为"《春秋》笔法"。

《鲁史》：一年，春，一月，公即位。
《春秋》：元年，春，王正月，公即位。

这是《春秋》记录的第一个历史事件。周平王四十九年（公元前722年），鲁惠公去世，大臣拥立惠公的庶长子息姑即位，是为鲁隐公，改元为隐公元年。所以《鲁史》就记录为"一月，公即位"。

《鲁史》为"一年"，《春秋》称"元年"。董仲舒《春秋繁露》说："惟圣人能属万物于一而系之'元'也。终不及本所从来而承之，不能遂其功。是以《春秋》变一谓之'元'。元，犹原也，其义以随天地终始也。"一元复始，"元"有开天辟地、改朝换代之意。

只有圣人为天子才能称"元年"，诸侯不得称"元年"。鲁隐公为诸侯，而得称"元年"者，分明是僭越。汉代的公羊学者说，这里包含着孔子的"革命学说"。孔子看到周室衰亡，托王于鲁，希望鲁国的国君能像先祖周文、武王一样，行仁政而得天下，故得称"元年"。

"王正月"这三个字更有讲究。此"王"并非指当时的周平王，而是指周文王。平王只是继体之王，文王是受命之王。周文王受天命而得天下，易服色，改正朔，建历法。"正月"为周历正月。孔子不说"一月"，而说"王正月"者，即尊周文王之义。孔子作新王之法，当周之世，权借文王之法，表示自己无其位不敢自专，是为"尊王说"。

一句话中，既"尊王"又"革命"，二者看似矛盾，其实并不矛盾。"尊王"为经，长治久安之道，"革命"为权，不得已而为之。

公羊学家说："元年春"者，天之本；"王正月"者，人之本。故曰"天人之大本也"。

《鲁史》：夏五月，郑伯杀其弟段。
《春秋》：夏五月，郑伯克段于鄢。

这是《春秋》所书的第三件事，发生在鲁隐公元年五月。郑武公有两个儿子。长子郑伯出生时胎位不正，差点要了母亲姜氏的命。姜氏偏爱弟弟共叔段，多次请求立其为太子，无果。郑伯即位后，将段封在京城。段私蓄兵马，兼并边城，胆大妄为。大臣多次要求制裁之。庄公说，多行不义，必自毙。等着看吧。共叔段准备与姜氏里应外合，偷袭国都时，庄公师出有名，讨伐叛逆，攻破京城。段逃到鄢陵。庄公又攻克鄢陵，段出奔于共。

《春秋》与《鲁史》的区别，在于"克"字。

二君争国，相斗如仇，称之为"克"。《公羊》说："克之者何？杀之也。杀之则曷为谓之克？大郑伯之恶。"共叔段谋逆固当诛，郑庄公姑息养奸，导致同胞相残，母子失和，亦有罪。不直接说"杀"而言"克"者，表明庄公也是罪人。

晋范宁《春秋穀梁传序》云："一字之褒，宠逾华衮之赠；片言之贬，辱过市朝之挞。"孔子非为一代作史，是为万世作经，笔笔"微言大义"。"大义"者，诛讨乱贼以诫后世；"微言"者，改立法制以致太平。

《春秋》大义数十，视弑君弑父为人伦之大变，天理所不容。齐国的陈氏，晋国的赵盾，虽然有恩惠于民，有功劳于国，也不因其小善，而纵容其大恶，一概书"弑"，不使乱臣贼子有丝毫借口。

《春秋》之作，不能使后世无乱臣贼子，而能使乱臣贼子不能无惧。孟子比之禹抑洪水，周公兼夷狄、驱猛兽。司马迁云："故《春秋》者，礼义之大宗也。"(《史记·太史公自序》)

《春秋》结束于鲁哀公十四年（公元前481年）。"十有四年，春，西狩获麟。"看守山林的虞人得到了一只异兽。孔子说："吾道穷矣！"子夏问道："夫子何泣尔？"孔子说："麟之至，为明王也。出非其时而害，吾是以伤焉。"(《孔子家语·辨物》)两年后，孔子寝疾七日，赍志而殁。

孟子说："《春秋》，天子之事也。"(《孟子·滕文公下》)孔子并非天子，而行天子之事，这对于处处抨击"僭越"之举的孔子来说，也是挺尴尬的事。他无奈地说："后世知丘者以《春秋》，而罪丘者亦以《春秋》。"(《史记·孔子世家》)

《礼经》

华夏以"礼仪之邦"而著称。《春秋正义》云:"中国有礼仪之大故称夏,有服章之美谓之花。"

《史记·礼书》云:"礼由人起。人生有欲,欲而不得则不能无忿,忿而无度量则争,争则乱。先王恶其乱,故制礼义以养人之欲,给人之求,使欲不穷于物,物不屈于欲。二者相待而长,是礼之所起也。"

先王以承天之道,以治人之情,所崇尚的不是"弱肉强食,适者生存"的丛林法则,而是欲望以礼相节,男女以礼相别。

西方的文明从不穿衣裳开始,中国的文明从穿上衣裳开始。《周易·系辞传下》云:"黄帝、尧、舜垂衣裳而天下治。"

礼之至者为"让",小则让梨,大则让国。孔子编删《尚书》,断自唐虞,以《尧典》为首,开篇即称赞尧"允恭克让"。尧让天下于舜,舜让天下于禹。尧、舜、禹真乃廓然大公之圣人,为千秋万代的国君树立了榜样。

周之兴起,亦自礼让始。古公亶父有三子,泰伯、仲雍、季历。季历的儿子姬昌有圣德,古公亶父欲传位于季历。泰伯、仲雍一起避居到吴,断发文身,终身不返。孔子赞道:"泰伯,其可谓至德也已矣。三以天下让,民无得而称焉。"(《论语·泰伯》)

《史记·周本纪》载,西伯姬昌即位,"笃仁,敬老,慈少,礼下贤者,日中不暇食以待士,士以此多归之"。虞、芮之人有纠纷,不能决,请西伯裁断。进入周国,耕者皆让畔,民俗皆让长。虞、芮之人未见西伯,已经惭愧万分,说:"吾所争,周人所耻,何往为,只取辱耳。"遂还,俱让而去。诸侯闻之,曰"西伯盖受命之君"。是为姬昌"断讼称王"。

周公辅佐成王,制礼作乐。成王、康王执政期间,以礼乐治国,天下安宁,刑措四十余年不用。史称"成康之治"。

及周衰,诸侯并起,礼乐崩坏。

程颐说:"礼,一失则为夷狄,再失则为禽兽。"(《二程集·二先生语二上》)礼的丧失,是文明的退化,人性的泯灭。孔子说:"今人而无礼,虽能言,不亦禽兽之心乎?"(《礼记·曲礼上》)

变乱为治的唯一途径,就是"克己复礼"。孔子说:"克己

复礼为仁。一日克己复礼,天下归仁焉。"(《论语·颜渊》)

孔子曾向老子请教"礼"。

孔子"入太庙,每事问",处处留心,又研究三代之礼:"夏礼,吾能言之,杞不足征也。殷礼,吾能言之,宋不足征也。文献不足故也。足,则吾能征之矣。"(《论语·八佾》)孔子最推崇周礼:"周监于二代,郁郁乎文哉!吾从周。"

《礼经》的内容主要是讲述日常生活中的礼仪。《礼记·昏义》说:"夫礼,始于冠,本于昏,重于丧、祭,尊于朝、聘,和于射、乡,此礼之大体也。"邵懿辰《礼经通论》云:"冠以明成人,昏以合男女,丧以仁父子,祭以严鬼神,乡饮以合乡里,燕射以成宾主,聘食以睦邦交,朝觐以辨上下。"

儒家尤重射礼。以立德行者,莫若射,故圣王务焉。《礼记·射义》:"射者,仁之道也。射求正诸己,己正而后发,发而不中,则不怨胜己者,反求诸己而已矣。孔子曰:'君子无所争?必也射乎!揖让而升,下而饮,其争也君子。'"

《礼经》对汉代政体起了很大作用。《初学记》卷二十一:"《后汉书·曹褒论》曰:'汉初天下创定,朝制无文。叔孙通颇采经礼,参酌秦法,虽适物观时,有救崩敝,然先王之容典,盖多阙矣。'"

《礼记》是仲尼弟子及后学者有关礼仪等方面的学说,原有二百一十四篇。汉宣帝时,戴德删为八十五篇,名《大戴礼记》。戴德从子戴圣又删《大戴礼记》为四十六篇,名《小戴礼记》。其后,《小戴礼记》又加《月令》《明堂位》《乐记》三篇,凡四十九篇，则今之《礼记》。

《礼记》有马融、郑玄二家注。

此外，还有一部《周礼》，又叫《周官》，作者为周公。《史记·周本纪》载："既绌殷命，袭淮夷，归在丰，作《周官》。兴正礼乐，度制于是改，而民和睦，颂声兴。"

《周礼》早已失传。西汉时，河间献王得之民间，后经刘歆整理，成为王莽改制的重要理论依据。

《仪礼》《礼记》《周礼》，合称"三礼"，对中国的行政体制、社会生活有很大的影响。

附一 《大学》

《大学》，曾子作，收入《小戴礼记》。到北宋，受到二程等的尊崇。南宋时，朱熹对《大学》《中庸》《论语》《孟子》进行章句集注，并称"四书"，成为士人必读的教科书。

朱熹说："《大学》之书，古之大学所以教人之法也。"（《大学章句序》）三代之时，人生八岁，则自王公以下，至于庶人之子弟，皆入小学，而教之以洒扫、应对、进退之节，礼乐、射御、书数之文；十五岁之后入大学，而教之以穷理、正心、修己、治人之道。

程子说："《大学》，孔氏之遗书，而初学入德之门也。"（《大学章句》）

朱熹将《大学》分为两部分："右经一章，盖孔子之言，而曾子述之。凡二百五字。其传十章，则曾子之意，而门人记之也。"(《大学章句》)

《大学》有"三纲领"和"八条目"。

"大学之道，在明明德，在亲民，在止于至善"，此为"三纲领"。

"格物、致知、诚意、正心、修身、齐家、治国、平天下"，是为"八条目"。

"明明德"，即将人性的光辉昭示于天下。

朱熹沿用程子，把"亲"民理解为"新"民。人之所得乎天，干净的心性虚灵不昧，可惜为气禀所拘，人欲所蔽，则有时而昏。然而，心中的光明，并没有熄灭。大学之道，就是把本心发出来。"汤之盘铭曰：'苟日新，日日新，又日新。'"(《大学》)汤以人之洗濯其心以去恶，如沐浴其身以去垢。天天清洗，不可间断，如神秀的"时时勤拂拭，勿使惹尘埃"。

王阳明说，不是"新"民，而是"亲"民。如果能"明明德"，达其天地万物一体之用，"亲吾之父，以及人之父，以及天下人之父，而后吾之仁实与吾之父、人之父与天下人之父而为一体矣"。(《大学问》)

"明德"的极致就是"至善"。

"至善"是纯粹的本心。《大学》的目的，就是"止于至善"，将心安定在"至善"之中。

"八条目"是实现"三纲领"的具体步骤，其中心环节是

"修身"，"自天子以至于庶人，壹是皆以修身为本"。

《大学》说："君子有絜矩之道也。"朱子说，絜，度也；矩，所以为方也。"絜矩"，就是以身作则，"君子有诸己，而后求诸人。无诸己，而后非诸人"（《大学》）。

修身才能身正，身正才能齐家。管教好家人，才能管理国家。以孝事君，以悌事长，以慈使众。"一家仁，一国兴仁；一家让，一国兴让；一人贪戾，一国作乱"，"尧舜帅天下以仁，而民从之。桀纣帅天下以暴，而民从之"。（《大学》）

"平天下"，不是"打天下"，而是"明明德"于天下。"平"，内心坦坦荡荡，廓然大公。

一切都源于"至善"。关键是，如何"修身"，才能"止于至善"？《大学》有清晰的次第。

"欲修其身者，先正其心。"有偏有私是人之常情，我们的身心往往被各种情绪所左右，"身有所忿懥，则不得其正；有所恐惧，则不得其正；有所好乐，则不得其正；有所忧患，则不得其正"。（《大学》）正其心，就要把这些干扰排除掉。

"欲正其心者，先诚其意。"真诚地面对自己的良心，"如恶恶臭，如好好色"，不自欺，才能不欺人。君子"慎独"。

"欲诚其意者，先致其知。致知在格物。"（《大学》）朱熹认为，至善的天理充满宇宙，万事万物上都有天理。我们可以随处体认天理，所以特别注重"格物致知"。

王阳明说，其实，没那么麻烦。修身功夫，只"诚意"而已。在"诚意"中直接体认自己至善的心体。"明明德"，"德"

自明也，已经把"至善"之境彰显出来了，把"心"归在那里就是了。"凡其一念而善也，好之真如好好色；发一念而恶也，恶之真如恶恶臭；则意无不诚，而心可正矣。"（《大学问》）

心在至善之中，万事万物皆备于我。《大学》云："为人君，止于仁；为人臣，止于敬；为人子，止于孝；为人父，止于慈；与国人交，止于信。"王阳明在《大学问》中说："君臣也，夫妇也，朋友也，以至于山川鬼神鸟兽草木也，莫不实有以亲之，以达吾一体之仁，然后吾之明德始无不明，而真能以天地万物为一体矣。夫是之谓'明明德'于天下，是之谓家齐、国治、而天下平，是之谓尽性。"

附二 《中庸》

《中庸》,子思所作,收入《小戴礼记》,被称为"圣人之心法,道统之所在"。

"中",贯穿了儒家的内圣之学与外王之道。朱熹说:"'允执厥中'者,尧之所以授舜也;'人心惟危,道心惟微,惟精惟一,允执厥中'者,舜之所以授禹也。"(《中庸章句序》)

何为"中"?《中庸》云:

天命之谓性,率性之谓道,修道之谓教。

天命之谓性,上天在每个人的心中都植入了善之本性。遵循善之本性而行就是"道"。去掉蒙在心头的私欲妄念,回归善之本性就是"教"。

喜怒哀乐之未发，谓之中；发而皆中节，谓之和。

保持善良的天性，不受喜、怒、哀、乐各种情绪的干扰，就叫作"中"。内心澄明宁静，就会"发而皆中节"，一言一行无不合乎道，叫作"和"。譬如，开车也要讲"中庸之道"。"中"，不是走在马路的正中间，而是内心平和，不开"情绪车"。《中庸》云：

中也者，天下之大本也。和也者，天下之达道也。

大本者，天命之性，为道之体。达道者，凭天理良心做事，是古往今来放之四海而皆准的真理，为道之用。《中庸》云：

致中和，天地位焉，万物育焉。

人，本与天地万物浑然一体，和谐共存。朱熹说，吾之心正，则天地之心亦正矣，吾之气顺，则天地之气亦顺矣。

"中和"就是"中庸"。庸者，用也。善良的本性，守在心里是"中"，体现在日常生活中是"庸"。《中庸》云：

道也者，不可须臾离也，可离非道也。

为人处世，时时刻刻都要保持善良的天性，就是行"道"。

孔子说："中庸其至矣乎！民鲜能久矣！"人们都明白中庸的道理，但很难坚持，"人皆曰予知，择乎中庸而不能期月守也"。(《中庸》)

人，可以为了理想奋斗终生，可以不为五斗米折腰，可以慷慨赴死，坚守中庸之道却是难上加难的。"天下国家可均也，爵禄可辞也，白刃可蹈也，中庸不可能也。"颜回能践行中庸之道，"回之为人也，择乎中庸，得一善，则拳拳服膺而弗失之矣"。(《中庸》)

中庸之道，说简单也简单，说高深则高深莫测。"君子之道费而隐，夫妇之愚可以与知焉。及其至也，虽圣人亦有所不知焉。"(《中庸》)

中庸之道，就是为人之道。

天下有"五达道"，君臣、父子、夫妇、昆弟、朋友之交。

有"三达德"，知、仁、勇。孔子说："好学近乎知，力行近乎仁，知耻近乎勇。知斯三者则知所以修身，知所以修身则知所以治人，知所以治人则知所以治天下国家矣。"(《中庸》)

好学，力行，知耻，君子集知、仁、勇于一身，形成完美的人格，"动而世为天下道，行而世为天下法，言而世为天下则"，"不动而敬，不言而信"，"不赏而民劝，不怒而民威于铁钺"，"是故君子笃恭而天下平"。(《中庸》)

如何才能得到中庸之道？"反身而诚"。诚，就是真实地、忠实地面对自己的良心。

"自诚明，谓之性；自明诚，谓之教。"诚于本性，光明自现；诚于光明，终达本性。"诚则明矣，明则诚矣。"(《中庸》)

圣人并没有多么特别之处，诚而已。"诚者，不勉而中，不思而得，从容中道，圣人也。"(《中庸》)

可惜，每个人心中都有所蔽，都有所曲。"曲能有诚"，一曲之人，更要"诚"，找到和发扬人性中的闪光点。"诚之者，择善而固执之者也。博学之，审问之，慎思之，明辨之，笃行之。"《中庸》云：

> 故君子尊德性而道问学，致广大而尽精微，极高明而道中庸。

既要"尊德性"，又要"道问学"，既要"致广大"又要"尽精微"。最后一句最重要，只有真正做到心灵纯净、世事洞明，才谈得上践行中庸。

不仅要"诚"，还要"至诚"。"唯天下至诚，为能尽其性；能尽其性，则能尽人之性；能尽人之性，则能尽物之性；能尽物之性，则可以赞天地之化育；可以赞天地之化育，则可以与天地参矣。"（《中庸》）

圣人不仅诚己，而且要诚物。"诚者，物之始终，不诚无物。"不是一厢情愿地以我之性诚物，而是以物之本性诚物。否则，只能戕害对方。"成己，仁也；成物，知也。性之德也，合外内之道也，故时措之宜也。"（《中庸》）

至诚之人，无私无我，内心一片空明。《中庸》云：

> 故至诚无息，不息则久，久则征，征则悠远，悠远则博厚，博厚则高明。博厚所以载物也，高明所以覆物也，悠久所以成物也。博厚配地，高明配天，悠久无疆。如此者不见而章，不

动而变，无为而成。天地之道，可一言而尽也：其为物不二，则其生物不测。

"鸢飞戾天，鱼跃于渊"，天上地下，生机勃勃，都是仁心善性的呈现。大爱无疆，这就是中庸的境界。

/《论语》/

孔子（前551—前479）去世后，弟子门人追忆夫子之言而成《论语》。

赵普对宋太宗说："臣有《论语》一部，以半部佐太祖定天下，以半部佐陛下致太平。"（曾先之《十八史略·北宋》）定天下者，外王之学；致太平者，内圣之学。

程子说："读书者，当观圣人所以作经之意，与圣人所以用心。"（《论语集注序》）

学而时习之，不亦说乎！有朋自远方来，不亦乐乎！人不知而不愠，不亦君子乎！

很多人望文生义，把"学而时习之"理解为复习功课，或者是理论与实践相结合。

其实，"学"，是学怎样做人。孟子所谓："学则三代共之，皆所以明人伦也。"（《孟子·滕文公上》）

子夏说："贤贤易色。事父母，能竭其力；事君，能致其身；与朋友交，言而有信。虽曰未学，吾必谓之学矣。"（《论语·学而》）向身边的好人看齐，对父母孝，对君王忠，对朋友信，这就是"学"。

《白虎通》云："学者，觉也，觉悟所未知也。"

觉悟什么？觉悟被蒙蔽的"人之初"的"性本善"，即《大学》所云"大学之道，在明明德"者，最终"止于至善"。

"时习"，谢良佐说，"无时而不习"。无论遇到何种情况，时时刻刻都不离开仁善之心。孔子说："君子无终食之间违仁，造次必于是，颠沛必于是。"（《论语·里仁》）

"不亦说乎"，仁者常乐。

孔子一生，惶惶奔走，不得志于天下，不怨天，不尤人，快快乐乐。他说："饭疏食饮水，曲肱而枕之，乐亦在其中矣。不义而富且贵，于我如浮云。"（《论语·述而》）

孔子最欣赏的弟子就是颜回："贤哉，回也！一箪食，一瓢饮，在陋巷。人不堪其忧，回也不改其乐。贤哉，回也！"（《论语·雍也》）

"有朋自远方来，不亦乐乎！"德不孤，必有邻。《周易·系辞传上》云："君子居其室，出其言善，则千里之外应之。"

朋，同道也，远方之君子也。曾子说："君子以文会友，以友辅仁。"（《论语·颜渊》）君子之朋，不是合作共赢的商业伙伴，更不是吃吃喝喝的酒肉朋友。

自己内心喜悦叫"说"，表现出来叫"乐"。待客之道，要让朋友感受到主人真诚的热情。

"人不知而不愠，不亦君子乎！"君子不在乎身份、地位、声誉，只关注内心的修为。

《论语》的第一句话，讲的是一个君子的日常生活状态。见到自己的仁心，很快乐；践行自己的仁心，很快乐；有朋友来砥砺人格、切磋学问，很快乐；索居独处，依然很快乐。

这也正是孔子的写照。一日，孔子说："君子道者三，我无能焉：仁者不忧，知者不惑，勇者不惧。"子贡听了，说："夫子自道也。"（《论语·宪问》）

实际上，《论语》开篇，正是《易经》第一卦的第一爻："初九，潜龙勿用。"

潜龙时期，就要潜心修行。修行的目的，就是心安于"仁"。孔子说："不仁者不可以久处约，不可以长处乐。仁者安仁，知者利仁。"（《论语·里仁》）

"安于仁"，才能"利于仁"，才能"见龙在田"，才能"飞龙在天"，才能治国平天下。

《论语》中，孔子讲"仁"的地方很多，譬如：

巧言令色，鲜矣仁！

> 夫仁者，己欲立而立人，己欲达而达人。能近取譬，可谓仁之方也已。
>
> 仁者不忧，知者不惑，勇者不惧。
>
> 仁远乎哉？我欲仁，斯仁至矣。
>
> 刚、毅、木、讷，近仁。
>
> 当仁，不让于师。
>
> 桓公九合诸侯，不以兵车，管仲之力也。如其仁，如其仁。
>
> 仲弓问仁。子曰："出门如见大宾，使民如承大祭。己所不欲，勿施于人。在邦无怨，在家无怨。"
>
> 樊迟问仁。子曰："爱人。"
>
> 曾子曰："士不可以不弘毅，任重而道远。仁以为己任，不亦重乎？死而后已，不亦远乎？"

到底何为"仁"？后世的学者很困惑。

孔子是一位"行道"者。这些对"仁"的描述，都是一位觉悟者的"仁心"，在日常生活中，在不同场合、不同情况下的自然流露。

整部《论语》，讲的都是"学而时习之，不亦乐乎"！

如何才能成为一位"仁者"？再看《论语》的第二句：

> 有子曰："其为人也孝悌，而好犯上者，鲜矣；不好犯上，而好作乱者，未之有也。君子务本，本立而道生。孝悌也者，其为仁之本与！"

中国人把植物的种子叫作"仁",杏仁,桃仁。"仁"中,含藏着生命,孕育着生命。《中庸》云:"仁者,天地生物之心。"

"冬至一阳生",在一年中最寒冷的那一天,一阳来复,生命涌动,孔子赞之为"天地之心"。欧阳修云:"天地所以生育万物者本于此,故曰'天地之心'也。"(《易童子问》)

在黑暗的时代,在沦丧的道德之中,孔子找到了人的一念善心、人性的一阳萌动,那就是"孝悌"。

父子血脉相贯,兄弟同气连枝,人伦是生命的源流,故言:"孝悌也者,其为仁之本与!"

"君子务本,本立而道生",教育子女要从"孝悌"开始。

父母是子女的至亲至爱,也往往是子女反抗的对象。子夏问孝,孔子说:"色难。"在父母面前使气任性,很难做到喜怒哀乐不形于色,除非是一团纯孝之心。

叶公告诉孔子:"吾党有直躬者,其父攘羊,而子证之。"孔子说:"吾党之直者异于是:父为子隐,子为父隐,直在其中矣。"(《论语·子路》)孔子的"直",是孔子拨乱反正、力挽狂澜的道德基点。

兄弟之间的利益冲突也最直接,处理不好,就会同室操戈,骨肉相残。孔子责备冉由:"今由与求也,相夫子,远人不服而不能来也,邦分崩离析而不能守也,而谋动干戈于邦内。吾恐季孙之忧,不在颛臾,而在萧墙之内也。"(《论语·季氏》)

齐家,治国,平天下,皆从孝悌立基。

孔子说:"君子笃于亲,则民兴于仁。"程子说,孝悌,顺德也,"德有本,本立则其道充大。孝悌行于家,而后仁爱及于物,所谓亲亲而仁民也"。(《论语集注》)

或谓孔子曰:"子奚不为政?"孔子说:"《书》云:'孝乎惟孝,友于兄弟,施于有政。'是亦为政,奚其为为政?"

从孝悌出发,成就完美的人格,这就是"为政"。

孔子说:"为政以德,譬如北辰,居其所而众星拱之。"(《论语·为政》)

如果国君是一位圣人,则不动而化、不言而信、无为而成。"季康子问政于孔子曰:'如杀无道,以就有道,何如?'孔子对曰:'子为政,焉用杀?子欲善而民善矣。君子之德风,小人之德草。草上之风必偃。'"(《论语·颜渊》)

在"德化"的前提下,实行"礼治":"道之以政,齐之以刑,民免而无耻;道之以德,齐之以礼,有耻且格。"(《论语·为政》)

齐景公问政于孔子。孔子说:"君君,臣臣,父父,子子。"国君像个国君的样子,臣才会尽忠。父亲像个父亲的样子,子才会尽孝。齐景公说:"善哉!信如君不君,臣不臣,父不父,子不子,虽有粟,吾得而食诸?"(《论语·颜渊》)

对当时的诸侯们,孔子是绝望的,但又反对犯上作乱。他的梦想,是培养出像周公那样的忠臣贤相。"甚矣,吾衰也!久矣,吾不复梦见周公。"(《论语·述而》)

孔子的观念其实很"现代"。

孔子说"性相近，习相远也"，人人生而平等。如果有等级的话，不是出身，不是地位，不是功业，而是修养的差异、道德的差异、心灵境界的差异，是"君子"和"小人"的差异造成的。

孔子说："学而优则仕，仕而优则学。"（《论语·子张》）天赋人权，人人可以成为君子、宰相，乃至圣人。

孔子告诉弟子，也告诉后世所有的读书人："女为君子儒，无为小人儒！"（《论语·雍也》）

"君子儒"，乃是成圣成贤之学；"小人儒"，乃功名利禄之学。

我们读《论语》，也要"学而时习之"，成为一个君子。程子说："学者须将《论语》中诸弟子问处便作自己问，圣人答处便作今日耳闻，自然有得"，"如读《论语》，未读时是此等人，读了后又只是此等人，便是不曾读"。（《论语集注》）

老 子

孔子说老子:"至于龙,吾不能知,其乘风云而上天。吾今日见老子,其犹龙耶!"(《史记·老子韩非列传》)庄子称赞老子是"上古之博大真人"(《庄子·天下》)。

老子(约前571—前471),姓李,名耳,字聃,为周守藏室之史。见周朝衰微,大道不行,乃西出隐居。到了函谷关,关令尹喜拦住了他,劝请他著书立说。老子乃著《道德经》上下篇,后人称之为《老子》。

老子之所以成为一位洞彻宇宙人生真谛的智者,就在一个"观"字上。

老子之"观",是在时间、空间之外观宇宙。

"有物混成，先天地生。寂兮寥兮，独立而不改，周行而不殆，可以为天下母。吾不知其名，强字之曰道。"（《道德经》）

老子的立足点，就是生成宇宙的，永恒的、独立的而又伴随着宇宙全过程的天下之母——道。

基督教认为时间与空间全部包含在上帝之中。老子"淡然独与神明居"，用"上帝"的眼睛，静静地观看我们这个世界上发生的一切。

从空间上来看，万物都是实实在在的"有"。在时间的长河里，万物的本质是"无"，从"无"中来，最终的归宿还是"无"。

万物方生方死，方死方生。有归于无，无中生有，生生灭灭，无穷无尽。《道德经》曰：

> 道生一，一生二，二生三，三生万物。万物负阴而抱阳，冲气以为和。

何为"一"？宇宙整体。老子称之为"域中"，庄子称之为"宇宙"。中国人的宇宙，指人心所总括之处。

道"生"一，不是像母鸡下蛋那样的"生"，而是宇宙涵存于"道"之中。

何为二？时间与空间，无与有，阴与阳。

何为三？屈复《天问校正》云："三与参同，谓阴阳参错。"

"三者"，有无出入之际，阴阳交错之时，时空相会之处。万事万物都是一个假阴阳而生、时空交会的坐标点上的存在。

"三"者，散也。老子说"朴散而为器"，"朴"即"道"，散而为万物，故云"三生万物"。

有和无，阴与阳，相互依存，相互转化。"有"是偶然的、昙花一现的，"无"是绝对的、永恒的。故"万物负阴而抱阳，冲气以为和"。

何为"道"？"无"显相为"有"、"有"消隐于"无"的过程，就是"道"。《道德经》曰：

> 道，可道，非常道。名，可名，非常名。无，名天地之始；有，名万物之母。故常无欲，以观其妙；常有欲，以观其徼。此两者，同出而异名，同谓之玄。玄之又玄，众妙之门。

"道，可道，非常道。"这句话，争议较大。

一种看法是把"可道"的"道"，作"言说"解。意思是，道不可说，凡可说的都是指具体的"道"，而不是普遍性的"道"。

然而，从《尚书》到孔子时代的书中，表达言说的从不见用"道"这个字，而是用"言、谓、云、曰"等。

另一种看法是，"可道"之"道"，是"行道"的意思。老子写《道德经》的目的，就是为了让人们悟道行道。老子感慨，我所讲的"道"，"甚易知，甚易行。天下莫能知，莫能行"。因为这个"道"，并不是我们通常意义的"道"，而是宇宙的根本大"道"。

"名，可名，非常名。"万物都是道的显现，无法命名也不用命名。然而，人执着于现象，人见人殊的事物需要命名以作区分。所有的命名都是贴标签而已。

"无,名天地之始;有,名万物之母。"宇宙无始无终,无边无际。为了论说的方便,要给宇宙万物确立一个起点。《易经》谈阴阳运行之道,以"元"为始;老子谈有无之道,以"无"名天地之始,以"有"总括万象之母。

"常无,欲以观其妙;常有,欲以观其徼。"妙,有而无,无而有。徼,万物存在的临界线。

在时间之外看万物,常有而常无。在空间之外看万物,常无而常有。有无相依,阴阳一体,冲气为和,生育万物,周而不盈,用而无穷,故曰:"此两者,同出而异名,同谓之玄。玄之又玄,众妙之门。"《道德经》曰:

> 故道大,天大,地大,人亦大。域中有四大,而人居其一焉。

万物有生有灭,道不生不灭。道大,天大,地大,人亦大。得道之人,心在道中,充塞宇宙,无心合道,涵容宇宙,故"域中有四大,而人居其一焉"。《道德经》曰:

> 人法地,地法天,天法道,道法自然。

自然者,如庄子所说"死生出入,皆欻然自尔"。天地为自然之总称,天地即自然,自然即天地。天、地、道、自然,分而为四,混成为"一"。这就回到了开头的一句话,"有物混成"。

既言"道",复言"德"。"德"者,得也。《道德经》曰:

昔之得一者:天得一以清;地得一以宁;神得一以灵;谷得一以盈。

苏辙说:"一,道也。物之所以得为物者,皆道也。"(《老子解》)世上万物都是道的化身。可惜天下之人,见物而忘道。

能从眼前的事物中体悟到"道"者,就是"德"的最高境界——"玄德"。

"玄德"即母德,用慈母一般的爱,呵护万物。《道德经》曰:

道生之,德畜之,长之育之,亭之毒之,养之覆之,生而不有,为而不恃,长而不宰,是谓玄德。

《道德经》讲道,讲德,讲圣人。首先是内圣,然后才可以谈外王。

老子的圣人,以"无"为德。"上德不德,是以有德;下德不失德,是以无德。上德无为而无以为;下德为之而有以为。上仁为之而无以为;上义为之而有以为。上礼为之而莫之应,则攘臂而扔之。故失道而后德,失德而后仁,失仁而后义,失义而后礼。夫礼者,忠信之薄,而乱之首。前识者,道之华,而愚之始。是以大丈夫处其厚,不居其薄;处其实,不居其华。故去彼取此。"(《道德经》)

无我之人，其"德"自显。王弼说："是以天地虽广，以无为心，圣王虽大，以虚为主。故曰，以复而视，则天地之心见。"（《道德经注》）

天下本无事，庸人自扰之。帝王们总喜欢自以为是，把自己的想法加之于"道"之上，这恰恰是混乱的根源。李贽《老子解》云："无为也，而亦无无为也，是谓上德，黄帝是也。其次，虽为之，而实无为，是谓上仁，尧之仁如天是也。又其次，不惟为之，而且有必为之心，是上义也，舜、禹以下圣人是也。"

世人只知眼前的"有"，而不知本体的"无"，只知道"有之以为利"，不知道"无之以为用"。《道德经》曰：

三十辐，共一毂，当其无，有车之用。埏埴以为器，当其无，有器之用。凿户牖以为室，当其无，有室之用。故有之以为利，无之以为用。

圣人修身、齐家、治国、平天下，要返心于无，心在无中。《道德经》曰：

知其雄，守其雌，为天下溪。为天下溪，常德不离，复归于婴儿。知其白，守其黑，为天下式。为天下式，常德不忒，复归于无极。知其荣，守其辱，为天下谷。为天下谷，常德乃足，复归于朴。

守雌、守黑、守辱，都是心在"无"中，即老子所谓的"守中""抱一""致虚极，守静笃"，如佛家的空境。"守中"

不是无动于衷，而是"明白四达""处无为之事，行不言之教""执古之道，以御今之有"。《道德经》曰：

> 修之于身，其德乃真；修之于家，其德乃余；修之于乡，其德乃长；修之于邦，其德乃丰；修之于天下，其德乃普。故以身观身，以家观家，以乡观乡，以邦观邦，以天下观天下。吾何以知天下然哉？以此。

儒家的经世之道，是以"孝悌"为中心，向外扩充。老子则心中空明，万物自然，"身、家、乡、邦、天下"，一切都是"德"，一切都是"道"。

苏辙称老子之修道，实为复性，明心见性。"为学日益，为道日损，损之又损，以至于无为，无为而无不为"，就是摒弃人为的小聪明，化"有"为"无"，本性自见。苏辙说："性之为体，充遍宇宙，无远近古今之异。古之圣人，其所以不出户牖而无所不知者，特其性全故耳。世之人为物所蔽，性分于耳目，内为身心之所纷乱，外为山河之所障塞，见不出视，闻不出听，户牖之微，能蔽而绝之，不知圣人复性而足，乃欲出而求之，是以弥远而弥少也。"（《老子解》）

得道之人，"被褐怀玉"，"和其光，同其尘"，内心光明，与日月同辉，外表平常，与世俗同尘。亦为乾卦"潜龙"之象。

"孔德之容，唯道是从。"（《道德经》）治理国家，遵道而行。

"治大国，若烹小鲜。"烹小鱼，最忌讳乱搅动它。"其政闷闷，其民淳淳；其政察察，其民缺缺。"（《道德经》）你不停地变换花样去骚扰百姓，百姓就会想尽办法应付你。《道德经》曰：

> 天下多忌讳，而民弥贫；民多利器，国家滋昏；人多伎巧，奇物滋起；法令滋彰，盗贼多有，故圣人云：我无为，而民自化；我好静，而民自正；我无事，而民自富；我无欲，而民自朴。

是以，"以智治国，国之贼；不以智治国，国之福"（《道德经》）。不以智治国，不是愚民政策，而是"圣人常无心，以百姓之心为心"。《道德经》曰：

> 善者，吾善之；不善者，吾亦善之；德善。信者，吾信之；不信者，吾亦信之；德信。圣人在天下，歙歙焉，为天下浑其心。百姓皆注其耳目，圣人皆孩之。

憨山德清说："以圣人复乎性善，而见人性皆善。故善者固己善之，即不善者亦以善遇之。彼虽不善，因我以善遇之。彼将因我之德所感，亦化之而为善矣。故曰德善。以圣人至诚待物，而见人性皆诚。故信者固已信之，即不信者亦以信待之。彼虽不信，因我以信遇之。彼将因我之德所感，亦化之而为信矣。故曰德信。以天下人心不古，日趋于浇薄。圣人处其厚而不处其薄，汲汲为天下浑厚其心。"（《老子道德经解》）

若像呵护自己的婴儿一样对待天下之人，国家哪里会有饥饿、战争和灾难！

国与国之间，要相互尊重，不可轻言战争。"以道佐人主者，不以兵强天下。其事好远。师之所处，荆棘生焉。大军之后，必有凶年。"

要谦逊，礼让。"大邦者下流，天下之牝，天下之交也。"（《道德经》）最好的国际关系是"小国寡民"，"民至老死不相往来"，实在是无奈之极，读之令人扼腕叹息。

墨 子

梁启超在《墨子学案》中说:"墨子是个小基督,从别方面说,墨子又是大马克思","欲救今日之中国,舍墨学之忍痛则何以哉"!毛泽东称赞墨子是比孔子高明的圣人。

墨子(约前468—前376),先是学儒。他看到身边净是"小人儒",根本担当不起拯斯民于水火的历史重任。《墨子·非儒》云,"繁饰礼乐以淫人,久丧伪哀以谩亲,立命缓贫而高浩居,倍本弃事而安怠傲,贪于饮食,惰于作务,陷于饥寒,危于冻馁",甚至一听说富人有丧事便高兴,"此衣食之端也"!

墨子对孔子很尊重,但他认为孔子开错了济世之方。周以造反起家,其得国有惭德,其分封有私心。文、武、周公均没有达到至仁至善的境界。

墨子的偶像是大禹。大禹毫不利己,专门利人。墨家的弟子们甘处社会之底层。《庄子·天下篇》称墨者"多以裘褐为衣,以跂蹻为服,日夜不休,以自苦为极。曰'不能如此,非禹之道也,不足谓墨'"。

当时主要的社会问题,是国与国之间征战不休。邦无定交,士无定主;争地之战,杀人盈野;争城之战,杀人盈城。墨子像联合国秘书长一样,奔走于诸侯国之间,强烈反对战争,呼吁和平。《墨子·非攻》云:"今尽王民之死,严下上之患,以争虚城,则是弃所不足而重所有余也。为政若此,非国之务者也!"

墨子的济世之方是"兼相爱,交相利"。《墨子·兼爱》云:"国之与国之相攻,家之与家之相篡,人之与人之相贼,君臣不惠忠,父子不慈孝,兄弟不和调","当察乱何自起?起不相爱"。

如何行"兼相爱,交相利"之道?《墨子·兼爱》云:

> 视人之国,若视其国。视人之家,若视其家。视人之身,若视其身。是故,诸侯相爱则不野战。家主相爱则不相篡。人与人相爱则不相贼。君臣相爱则惠忠。父子相爱则慈孝。兄弟相爱则和调。天下之人皆相爱,强不执弱,众不劫寡,富不侮贫,贵不敖贱,诈不欺愚。凡天下祸篡怨恨,可使毋起者,以相爱生也。

除了博爱之外,"有余力则以相劳,有余财则以相分"(《墨子·尚同》），"有力相营，有道相教，有财相分"（《墨子·天志》），有点像共产主义理想中的社会。

墨子的理想人格是"兼士"，兼爱天下人（儒家只能算是"别士"）。《墨子·兼爱》云：

> 故兼者，圣王之道也，王公大人之所以安也，万民衣食之所以足也。故君子莫若审兼而务行之。为人君必惠，为人臣必忠，为人父必慈，为人子必孝，为人兄必友，为人弟必悌。故君子莫若欲为惠君、忠臣、慈父、孝子、友兄、悌弟，当若兼之不可不行也。此圣王之道，而万民之大利也。

如何才能实现兼爱？

第一，尚贤。从选圣贤为国君开始，这就是三代的"禅让"制。有贤君而后选贤臣。

第二，尚同。全国人民都要与天子保持高度一致，天子要与天保持高度一致。

第三，天命。上天的意志就是至善，这是墨子"兼爱"理论的最高依据。

第四，尚鬼。鬼神负责对人的日常行为进行监督。

和孔子一样，墨子日夜兼程，周游列国，游说诸侯。班固称之为"孔席不暖，墨突不黔"。

针对不同的国君，墨子量体裁衣，对症下药，"凡入国，必择务而从事焉。国家昏乱，则语之尚贤、尚同。国家贫，则语之节用、节葬。国家憙音湛湎，则语之非乐、非命。国家淫僻无礼,则语之尊天、事鬼。国家务夺侵凌,即语之兼爱、非攻"。(《墨子·鲁问》)墨子用"三表"法,来衡量国君的好与坏。《墨子·非命》云:

> 有本之者,有原之者,有用之者。于何本之?上本之于古者圣王之事。于何原之?下原察百姓耳目之实。于何用之?废以为刑政,观其中国家百姓人民之利。

墨子见人染丝,叹息道:"染于苍则苍,染于黄则黄,所入者变,其色亦变,五入必而已则为五色矣。故染不可不慎也!"(《墨子·所染》)

墨子博学多才。遍读百国《春秋》,随身君子之书,不可胜载;滔滔雄辩,创中国最早的逻辑学;又是一位军事家和科学家,被尊为"科圣"。

墨子毕生所为,都是求兴天下之利,除天下之害,不惜杀己以存天下,杀己以利天下。墨家弟子都是战士、大侠、大英雄。《淮南子》云:"墨子服役者百八十人,皆可使赴火蹈刃,死不还踵。"

对墨子,庄子赞誉有加:"墨子真天下之好也。将求之不得也,虽枯槁不舍也,才士也夫!"可惜,墨子的境界太高,一般人达不到,"其行难为也,恐其不可以为圣人之道。反天下之心,天下不堪。墨子虽独能任,奈天下何!离于天下,其去王也远矣"。(《庄子·天下》)

/ 孟 子 /

四十岁时,孟子做到了"不动心"。

孟子(约前372—前289),名轲,字子舆,邹人。孟子之所以被尊为"亚圣"者,就是因为他得到了这个不动之"心"。

"不动心"有很多种。有北宫黝式的"不动心",扎皮肤,锥眼睛,一眨不眨,视君侯如草芥,刺杀万乘之君就像杀个村夫。有孟施舍式的"不动心",勇冠三军,冲锋陷阵,不顾生死。也有告子式的"不动心","不得于言,勿求于心,不得于心,勿求于气"(《孟子·公孙丑上》)。

孟子说,告子"不得于心,勿求于气"可以,"不得于言,勿求于心"就不对了。因为"心"是人的主体,"言"和"气"

都要服从于"心"。

孟子说自己的"不动心"是:"我知言,我善养吾浩然之气。"(《孟子·公孙丑上》)

朱熹说:"知言者,尽心知性。"(《孟子集注》)凡天下之言,要看其是否合乎天理良心。

何为"养气"?孟子说:

> 其为气也,至大至刚。以直养而无害,则塞于天地之间。其为气也,配义与道,无是,馁也。是集义所生者,非义袭而取之也。行有不慊于心,则馁矣。(《孟子·公孙丑上》)

集义"养气",有两个关键。一是根植本心,与仁义合一,行为稍稍有愧于良心,气马上就泄了。二是"心勿忘,勿助长也",揠苗助长,非徒无益,而又害之。

曾子曾听孔子说过何为"大勇士":自觉理亏,面对山野村夫,也不敢吱声;如果是义之所在,虽千万人,吾往矣。孟子之"不动心",源头在此。

王阳明说:"性元不动,理元不动,集义是复其心之本体。"(《传习录》)

王阳明所说的"心之本体",即孟子所说的"赤子之心"。

孟子说:"大人者,不失其赤子之心者也。"(《孟子·离娄下》)

赤子之心,人所共有。孟子说:

> 今人乍见孺子将入于井,皆有怵惕恻隐之心,非所以纳交

于孺子之父母也，非所以要誉于乡党朋友也，非恶其声而然也。由是观之，无恻隐之心，非人也；无羞恶之心，非人也；无辞让之心，非人也；无是非之心，非人也。恻隐之心，仁之端也；羞恶之心，义之端也；辞让之心，礼之端也；是非之心，智之端也。人之有是四端也，犹其有四体也。(《孟子·公孙丑上》)

恻隐之心，人皆有之；羞恶之心，人皆有之；恭敬之心，人皆有之；是非之心，人皆有之。恻隐之心，仁也；羞恶之心，义也；恭敬之心，礼也；是非之心，智也。仁义礼智，非由外铄我也，我固有之也，弗思耳矣。(《孟子·告子上》)

君子所性，仁、义、礼、智，根于心。(《孟子·尽心上》)

表现于言行，则为恻隐之心、羞恶之心、恭敬之心、是非之心。赞之以美德，则为仁、义、礼、智。究其本，则为性，根于心。

孟子之养"浩然之气"者，即养其"赤子之心"，涵养之，充实之，"充实之谓美，充实而有光辉之谓大，大而化之之谓圣，圣而不可知之之谓神"(《孟子·尽心下》)。

赤子之心，就是孔子所说的"孝悌"，这是人的"良知""良能"。孟子说："人之所不学而能者，其良能也，所不虑而知者，其良知也。孩提之童，无不知爱其亲者，及其长也，无不知敬其兄也。亲亲，仁也，敬长，义也。无他，达之天下也。"(《孟子·尽心上》)。

孟子有个著名的"牛山之木"的比喻。在齐都临淄之南有座牛山，曾经草木繁茂，现下被国人砍伐光了。日夜之所息，雨露之所润，刚有萌芽，又有人放牧牛羊，结果成了秃秃的山包。人们只见现在的秃山，淡忘了原来的青山。

"仁义之心"也是如此。人们放任良心的丧失，好像拿斧头砍伐小树一样。静心独处时，有清明之"夜气"，尚能看见良心。但到了白天，物欲侵袭，像牛羊啃苗一般，把良心扼杀，此之谓失其本心。失去本心，就离禽兽不远了。

人们丢失了鸡犬，知道寻找，仁义之心丢失了，却不知道寻找，"学问之道无他，求其放心而已矣"。无论是国君、公卿，还是普通的老百姓，都应该把放逸的本心找回来。

如何找回自己的"心"？

一个字："诚"。

孟子说，天之生此民者，人人都是"天民"，"仁义忠信，乐善不倦，此天爵也"（《孟子·告子上》）。所以要反身而诚，回归于天生之懿德。"诚者，天之道也；思诚者，人之道也"（《孟子·离娄上》）。

"万物皆备于我矣"，宇宙星辰，山河大地，与我本心本性均为一体。故：

> 尽其心者，知其性也，知其性，则知天矣。存其心，养其性，所以事天也。夭寿不贰，修身以俟之，所以立命也。（《孟子·尽心上》）

公都子问:"钧是人也,或为大人,或为小人,何也?"孟子说:"从其大体为大人,从其小体为小人。"(《孟子·告子上》)

大体者,良知良能,小体者,耳目之欲。

公都子又问:"钧是人也,或从其大体,或从其小体,何也?"孟子说:"耳目之官不思而蔽于物,物交物,则引之而已矣。心之官则思,思则得之,不思则不得也。此天之所与我者,先立乎其大者,则其小者弗能夺也。此为大人而已矣。"(《孟子·告子上》)

把良心树立起来,自己就不会被各种情绪所左右。

孟子说:"君子所以异于人者,以其存心也。君子以仁存心,以礼存心。仁者爱人,有礼者敬人。爱人者人恒爱之,敬人者人恒敬之。"(《孟子·离娄下》)

"心之所同然者,何也?谓理也,义也,圣人先得我心之所同然耳。"(《孟子·告子上》)

圣圣相传,惟此一心。"舜生于诸冯,迁于负夏,卒于鸣条,东夷之人也。文王生于岐周,卒于毕郢,西夷之人也。地之相去也,千有余里,世之相后也,千有余岁。得志行乎中国,若合符节。先圣后圣,其揆一也。"(《孟子·离娄下》)

孟子当仁不让,自己确立了不动之心,自己就是拯斯民于水火的圣人。"五百年必有王者兴,其间必有名世者。由周而来,七百有余岁矣,以其数则过矣,以其时考之则可矣。夫天未欲平治天下也,如欲平治天下,当今之世,舍我其谁也。吾

何为不豫哉！"(《孟子·公孙丑下》)

孟子说："说大人，则藐之，勿视其巍巍然。"(《孟子·尽心下》)

孟子见梁惠王。梁惠王劈头就问："叟！不远千里而来，亦将有以利吾国乎？"

孟子毫不客气："王！何必曰利，亦有仁义而已矣。王曰'何以利吾国'，大夫曰'何以利吾家'，士庶人曰'何以利吾身'，上下交征利而国危矣。万乘之国，弑其君者，必千乘之家；千乘之国，弑其君者，必百乘之家。万取千焉，千取百焉，不为不多矣。苟为后义而先利，不夺不餍。未有仁而遗其亲者也，未有义而后其君者也。王亦曰仁义而已矣，何必曰利！"(《孟子·梁惠王上》)

梁惠王"东败于齐，长子死焉；西丧地于秦七百里；南辱于楚"，急于富国强兵，报仇雪耻。孟子说："庖有肥肉，厩有肥马，民有饥色，野有饿莩，此率兽而食人也。兽相食，且人恶之，为民父母，行政不免于率兽而食人，恶在其为民父母也？"自己的老百姓都痛恨你，如何称王？更谈何雪耻？

如果施"仁政"于民，"省刑罚，薄税敛，深耕易耨。壮者以暇日，修其孝悌忠信，入以事其父兄，出以事其长上"。秦楚的暴君们，仍在陷溺其民。"王往而征之，夫谁与王敌？故曰：'仁者无敌。'王请勿疑。"(《孟子·梁惠王上》)

可惜，梁惠王去世，轻狂鲁莽的梁襄王即位。孟子与之见了一面，"望之不似人君"，就离开了。

齐宣王一心想成为齐桓晋文一样的霸主。孟子说，保民而王，"老吾老，以及人之老；幼吾幼，以及人之幼，天下可运于掌"（《孟子·梁惠王上》）。

孟子并不要求国君都成为圣人。齐宣王说，寡人有疾，寡人好乐，好勇，好货，好色。孟子说，都不要紧。如果"内无怨女，外无旷夫。王如好色，与百姓同之，于王何有"？（《孟子·梁惠王下》）

尧、舜、文、武这些圣王，和梁惠王、齐宣王一样，也都是普通人。"舜之居深山之中，与木石居，与鹿豕游，其所以异于深山之野人者几希。及其闻一善言，见一善行，若决江河，沛然莫之能御也。"（《孟子·尽心上》）

孟子并不特别反对战争。齐入侵燕，孟子说："取之而燕民悦，则取之。古之人有行之者，武王是也。取之而燕民不悦，则勿取。古之人有行之者，文王是也。"（《孟子·梁惠王下》）吊民伐罪的目的是救民于水火之中，如果战争的结果使水更深、火更热，就不要发动。

孟子说："民为贵，社稷次之，君为轻。"（《孟子·尽心下》）

齐宣王问："汤放桀，武王伐纣，有诸？"孟子说："贼仁者谓之贼，贼义者谓之残。残贼之人，谓之一夫。闻诛一夫纣矣，未闻弑君也。"（《孟子·梁惠王下》）

在孟子的眼里，自生民以来，未有盛于孔子者也。"伯夷，圣之清者也。伊尹，圣之任者也。柳下惠，圣之和者也。孔子，圣之时者也。孔子之谓集大成。集大成也者，金声而玉振之也。

金声也者，始条理也；玉振之也者，终条理也。始条理者，智之事也；终条理者，圣之事也。"(《孟子·万章下》)

遗憾的是，自己出生太晚了，"予未得为孔子徒也，予私淑诸人也"(《孟子·离娄下》)。

孟子一生都以孔子为楷模。他也带着弟子，周游列国，传播仁政，游历了二十年，处处碰壁。

孟子认为，仁道不行，在于思想的混乱，尤其是杨、墨学说为害最甚。"天下之言，不归杨则归墨。杨氏为我，是无君也；墨氏兼爱，是无父也。无父无君，是禽兽也。"(《孟子·滕文公下》)杨、墨之道不息，孔子之道不著。

"岂好辩哉，予不得已也。能言距杨、墨者，圣人之徒也！"(《孟子·滕文公下》)孟子归而著书立说。《史记》云："序《诗》《书》，述仲尼之意，作《孟子》七篇。"

孟子很洒脱。他说："古之人，得志，泽加于民，不得志，修身见于世。穷则独善其身，达则兼济天下。"(《孟子·尽心上》)

孟子很通达。他说："故天将降大任于是人也，必先苦其心志，劳其筋骨，饿其体肤，空乏其身，行拂乱其所为，所以动心忍性，曾益其所不能"，"然后知生于忧患而死于安乐也"。(《孟子·告子下》)

孟子很乐观。他说："君子有三乐，而王天下不与存焉。父母俱存，兄弟无故，一乐也。仰不愧于天，俯不怍于人，二乐也。得天下英才而教育之，三乐也。君子有三乐而王天下不与

存焉。"(《孟子·尽心上》)

有人说,公孙衍、张仪"一怒而诸侯惧,安居而天下熄",是"大丈夫"。孟子说,他们哪能称得上"大丈夫"!阿谀苟容,助纣为虐,"妾妇之道"罢了。

大丈夫是立于本心的行道者,"富贵不能淫,贫贱不能移,威武不能屈,此之谓大丈夫"(《孟子·滕文公下》)。

孟子是真正的大丈夫!

/ 庄 子 /

庄子之于老子，可谓薪火相传，心意合一，却处处相反。老子心寂，"主之以太一"；庄子神游，"乘云气，骑日月，而游乎四海之外"。老子心在宇宙之外，从"道生一"谈起；庄子却在宇宙万象的分分合合之中，寻求"道通为一"。老子说"信言不美，美言不信"；庄子专以"谬悠之说，荒唐之言，无端崖之辞"，惊骇人心。

庄子自称"寓言十九，重言十七，卮言日出，和以天倪"。寓言者，借外人之口言之。重言者，借德高望重之先人言之。卮言者，无心之言也。天倪，回环往复，无始无终，因循万有，浑化宇宙，寓诸无境，不离一心。"非卮言日出，和以天倪，孰

得其久？"(《庄子·寓言》)

庄子（约前369—前286），名周，字子休，宋国蒙人。现存《庄子》共三十三篇。其中内篇七篇，为庄子本人所著；外篇十五篇，杂篇十一篇，为其弟子、后人辑录编纂而成。

《天地》篇中说："黄帝游乎赤水之北，登乎昆仑之丘而南望，还归，遗其玄珠。"

"玄珠"，圣人之"心"，即后世道家所谓"道心"者。

孔子寄希望于圣人出世。庄子说，就连黄帝这样的圣人也早就已经迷真丧道了！当下第一要务，是帮黄帝找到丢失的"玄珠"。

老子说："治大国如烹小鲜。"《庄子》的第一篇《逍遥游》，就从一条"鱼"说起。

北冥有鱼，其名为鲲。鲲之大，不知其几千里也。

"北冥"，司马彪云："北极之下无毛之地也。"（郭庆藩《庄子集释》）东方朔《十洲记》云："水正黑而谓之冥海。"人，如果把内心世界封闭起来，则变得阴暗而冷酷。

"鲲"即鱼卵。冥海无风，而洪波百丈。人与生俱来的自私，藏在心底，一旦膨胀，则兴风作浪，翻江倒海。

化而为鸟，其名为鹏。鹏之背，不知其几千里也；怒而飞，其翼若垂天之云。是鸟也，海运则将徙于南冥。(《庄子·逍遥游》)

支道林说:"夫逍遥者,明至人之心也。"(《逍遥论》)鲲"化"而为鹏,心灵自我解放,抟扶摇而上九万里,翱翔在蓝天白云之上,飞向阳光明媚的南冥。

"大而化之",大则能化,能化则大。

《易经》说:"穷神知化,德之盛也。"中国哲学中最伟大的智慧,就在这个"化"上。化险为夷,化敌为友,等等。

庄周化蝶,蝶化庄周,庄子是进入"化"境的人。他说:"臭腐复化为神奇,神奇复化为臭腐。故曰:'通天下一气耳。'圣人故贵一。"(《庄子·知北游》)

野马也,尘埃也,生物之以息相吹也。(《庄子·逍遥游》)

再反身来看人世间,来来往往,是是非非,起灭生死,浑然一气耳!

天之苍苍,其正色邪?其远而无所至极邪。其视下也,亦若是则已矣。(《庄子·逍遥游》)

从地上仰望天空,苍苍莽莽,是为"象罔"。"象罔"即"道"。原以为道高高在上,遥不可及。心灵升腾于天,背负青天往下看,原来道在人间,道在身边万物之中。

"东郭子问于庄子曰:'所谓道,恶乎在?'庄子曰:'无所不在。'东郭子曰:'期而后可。'庄子曰:'在蝼蚁。'曰:'何其下邪?'曰:'在稊稗。'曰:'何其愈下邪?'曰:'在瓦甓。'曰:'何其愈甚邪?'曰:'在屎溺。'"(《庄子·知北游》)

鸟飞有近有远，物寿有长有短，人的境界也有高有低。庄子说："此小大之辩也。"（《庄子·逍遥游》）

宋荣子与列子、尧与许由、小雀与大鹏，皆都有所"待"，都没有实现心灵的彻底自由。

若夫乘天地之正，而御六气之辩，以游无穷者，彼且恶乎待哉！（《庄子·逍遥游》）

无待以游无穷，是《逍遥游》乃至《庄子》的总纲。王夫之说："逍者，向于消也，过而忘也。遥者，引而远也，不局于心知之灵也。"（《庄子解》）

《庄子》的第一篇《逍遥游》，隐含的是《周易》第一卦乾卦的第五爻："九五，飞龙在天，利在大人。"

人游乎天地之间。天、地、人，各得一阴一阳。三阴三阳，是为六气，在《周易》中，六气升降变化，分之为六位，演之以六爻。天地之正者，道也，顺之而游曰"乘"；及变而为六气，则因势而动，随感而应，如同驾驭马车，有"控、馨、纵、送"，故曰"御"。

天子驾六。天子出则驾六马，入则有天官、地官、春官、夏官、秋官、冬官"六官"辅佐。隋唐之后，演变为礼、户、吏、兵、刑、工"六部"。皆源于《易经》的六气。

从北冥化而为鸟，海运则将徙于南冥的鲲鹏，就是"游乎赤水之北，登乎昆仑之丘而南望"的黄帝。

黄帝之所以丢失了"玄珠"，是因为他有"待"，心灵尚封闭在六合之内，不能作逍遥之游，不是真正的圣人。

至人无己，神人无功，圣人无名。（《庄子·逍遥游》）

《金刚经》中说"是诸众生，无复我相、人相、众生相、寿者相。无法相，亦无非法相"，就是"至人无己"；"善男子，善女人，发阿耨多罗三藐三菩提心者，当生如是心，我应灭度一切众生。灭度一切众生已，而无有一众生实灭度者"，就是"神人无功"；"所言法相者，如来说即非法相，是名法相"，就是"圣人无名"；无所待而游于无穷，就是"应无所住，而生其心"。

真正的圣人是这样的：

藐姑射之山，有神人居焉，肌肤若冰雪，绰约若处子。不食五谷，吸风饮露。乘云气，御飞龙，而游乎四海之外。（《庄子·逍遥游》）

"藐姑射"者，深远飘渺之所，在人间，又在方外。

神人心若冰雪，性如处子，与天地一气往还，"乘云气，御飞龙，而游乎四海之外"。

《庄子》的至人、神人、圣人，超越了空间，"夫天下莫大于秋毫之末，而太山为小"；超越了时间，"莫寿于殇子，而彭祖为夭"；超越了是非，"彼亦一是非，此亦一是非，果且有彼是乎哉？果且无彼是乎哉"；超越了万物，"其分也，成也；其成也，毁也。凡物无成与毁，复通为一"；超越了所有纷争与灾难，"之人也，物莫之伤，大浸稽天而不溺，大旱金石流土山焦而不热"；超越了生死，"孰能以无为首，以生为脊，以死为尻，孰知生死存亡之一体者，吾与之友矣"。

如何才能达到真人之境？心齐万物。《齐物论》云：

> 夫大块噫气，其名为风。是唯无作，作则万窍怒呺，而独不闻之翏翏乎？山林之畏佳，大木百围之窍穴，似鼻，似口，似耳，似枅，似圈，似臼，似洼者，似污者；激者，謞者，叱者，吸者，叫者，譹者，宎者，咬者，前者唱于而随者唱喁，泠风则小和，飘风则大和，厉风济则众窍为虚。而独不见之调调、之刀刀乎？

大风吹过森林，发出千变万化的声音，因为树洞的形状千奇百怪。人心如同树洞，存在着各种的欲望和妄念，喜、怒、哀、乐、忧、思、恐，每天都受着各种情绪的煎熬。《齐物论》又云：

> 大知闲闲，小知间间；大言炎炎，小言詹詹。其寐也魂交，其觉也形开，与接为构，日以心斗：缦者，窖者，密者。小恐惴惴，大恐缦缦。

> 与物相刃相靡，其行尽如驰，而莫之能止，不亦悲乎！终身役役而不见其成功，苶然疲役而不知其所归，可不哀邪！人谓之不死，奚益！其形化，其心与之然，可不谓大哀乎？

庄子说："吾丧我。"(《庄子·齐物论》)把那个假我扔掉，真君自然显现，"不知耳目之所宜，而游心乎德之和"(《庄子·德充符》)。

每个人都有两个我，一个是心无挂碍、冥合于道的"真君"；一个是为耳目之欲所迷惑、追逐外境、随风摇摆的"假我"。

除掉"成心"——心中的各种是非观念，用佛教的话说，就是我执和法执。

> 是以圣人不由，而照之于天。(《庄子·齐物论》)

但是，每个人头顶都有一片天。怎么办？"开天之天"。

彻底清空自己，绝对超越，绝对空灵。

无心之心，才是黄帝的"玄珠"。

修行的方法，"心斋""坐忘"，如同佛家的坐禅。

> 若一志，无听之以耳而听之以心，无听之以心而听之以气。听止于耳，心止于符。气也者，虚而待物者也。唯道集虚。虚者，心斋也。(《庄子·人间世》)

> 堕肢体，黜聪明，离形去知，同于大通，此谓坐忘。(《庄子·大宗师》)

在《大宗师》中，女偊向南伯子葵描述了自己悟道的心路历程：

吾犹守而告之，三日而后能外天下；已外天下矣，吾又守之，七日而后能外物；已外物矣，吾又守之，九日而后能外生；已外生矣，而后能朝彻；朝彻，而后能见独；见独，而后能无古今；无古今，而后能入于不死不生。

"朝彻"，即禅家之大彻大悟，入于"不生不灭，不垢不净，不增不减"之心境。

一心反观，则得"道枢"。"枢始得其环中，以应无穷。"（《庄子·齐物论》）家世父（郭嵩焘）云："是非两化而道存焉，故曰道枢。握道之枢以游乎环中，中，空也。是非反复，相寻无穷，若循环然。游乎空中，不为是非所役，而后可以应无穷。"（《庄子集释》）

"独与天地精神往来，而不敖倪于万物，不谴是非，以与世俗处。"生活中的庄子，简直就是颜回转世，在饥寒交迫中鼓琴而歌，"上与造物者游，而下与外死生、无终始者为友"。（《庄子·天下》）

《庄子》中，有一群如支离疏之类的残缺不全的"畸人"。圣人孔子、贤臣子产、同性恋卫灵公、霸主齐桓公，半个鲁国的人，统统都被迷倒了。有十几位美女，宁愿给"恶骇天下"的哀骀它为妾，也不愿嫁帅哥为妻。这些丑八怪们"立不教，坐不议"，什么事都不做，常与人相和而已矣。

"鲁有兀者王骀，从之游者与仲尼相若"，常季想不通，仲尼说，那位夫子，圣人也！不只鲁国，在下将引天下而与从之。

仲尼说:"人莫鉴于流水而鉴于止水,唯止能止众止。受命于地,唯松柏独也,在冬夏青青;受命于天,唯舜独也正,幸能正生,以正众生",这些人,"官天地,府万物,直寓六骸,象耳目,一知之所知,而心未尝死者乎!彼且择日而登假,人则从是也。彼且何肯以物为事乎"!(《庄子·德充符》)

支离疏,支离了身体、支离了仁义道德,却"畸于人而侔于天",是心怀"天乐"的圣人。

……

吾师乎,吾师乎!齑万物而不为义,泽及万世而不为仁,长于上古而不为老,覆载天地、刻雕众形而不为巧。此所游已。(《庄子·天道》)

故曰:其动也天,其静也地,一心定而王天下;其鬼不祟,其魂不疲,一心定而万物服。言以虚静推于天地,通于万物,此之谓天乐。天乐者,圣人之心,以畜天下也。(《庄子·天道》)

/ 荀　子 /

荀子说，有一种人生境界，叫作"大清明"。

臻此境界者，"坐于室而见四海，处于今而论久远。疏观万物而知其情，参稽治乱而通其度，经纬天地而材官万物，制割大理而宇宙里矣"（《荀子·解蔽》）。

然而，"凡人之患，蔽于一曲，而暗于大理"（《荀子·解蔽》）。

人人都有所蔽："欲为蔽，恶为蔽，始为蔽，终为蔽，远为蔽，近为蔽，博为蔽，浅为蔽，古为蔽，今为蔽。凡万物异则莫不相为蔽，此心术之公患也。"（《荀子·解蔽》）

人君之蔽者，如"纣蔽于妲己、飞廉，而不知微子启，以惑其心,而乱其行"。结果,"丧九牧之地,而虚宗庙之国也"。

那些大思想家也各有其蔽。"墨子蔽于用而不知文,宋子蔽于欲而不知得,慎子蔽于法而不知贤,申子蔽于势而不知知,惠子蔽于辞而不知实,庄子蔽于天而不知人。"(《荀子·解蔽》)

唯有孔子,"仁知且不蔽,故学乱术足以为先王者也。一家得周道,举而用之,不蔽于成积也。故德与周公齐,名与三王并,此不蔽之福也"(《荀子·解蔽》)。

圣人之所以能做到无蔽,是"无欲、无恶、无始、无终、无近、无远、无博、无浅、无古、无今,兼陈万物而中县衡焉"。(《荀子·解蔽》)曰:

何谓衡?曰:道。

人何以知道?曰:心。心何以知?曰:虚壹而静。

"心者,形之君也,而神明之主也。"人心如曲水,清静勿动,则湛浊在下,而清明在上,则足以见鬓眉而察理。"虚壹而静,谓之大清明。"

得道之人,明参日月,大满八极。"仁者之行道也,无为也;圣人之行道也,无强也。仁者之思也恭,圣者之思也乐。此治心之道也。"(《荀子·解蔽》)

司马迁把"孟荀"并称:"天下并争于战国,儒术既绌焉,然齐鲁之间,学者独不废也。于威、宣之际,孟子、荀卿之列,咸遵夫子之业而润色之,以学显于当世。"(《史记·儒林别传》)

与孟子的正气凛然、跌宕雄辩不一样，荀子像一位博学睿智而又世事洞明、人情练达的老人，论起理来，言辞华丽，音节优美，循循善诱，还有点絮絮叨叨。

荀子（约前313—前238），名况，赵国人。相传游学齐国时曾拜见孟子，话不投机。孟子说，率天下之人而迷性本者，必自子始矣。

荀子批评孟子"略法先王而不知其统，犹然而犹材剧志大，闻见杂博"，将他放在"饰邪说，文奸言，以枭乱天下"（《荀子·非十二子》）的墨子、慎到、惠施等十二子之列。

孟、荀二人的根本分歧在于人性的问题。

孟子言性"善"。荀子说："是不然。是不及知人之性，而不察乎人之性伪之分者也。"（《荀子·性恶》）饥而欲饱，寒而欲暖，劳而欲休，是人之常情、天生之性。

"子之让乎父，弟之让乎兄，子之代乎父，弟之代乎兄，此二行者，皆反于性而悖于情也。"（《荀子·性恶》）所谓的孝悌之道，都是长辈驯化的结果。

"人之性恶明矣，其善者，伪也。"（《荀子·性恶》）伪，不是虚伪，而是人为的意思。

"尧舜之与桀跖，其性一也；君子之与小人，其性一也"（《荀子·性恶》），都是天生性恶。

君子则能"化性起伪"，化先天之恶而为后天之善。

和《论语》一样，《荀子》开篇就是："君子曰：学不可以已。"（《荀子·劝学》）

"学"的目的很明确,成为圣人,"其数则始乎诵《经》,终乎读《礼》;其义则始乎为士,终乎为圣人"(《荀子·劝学》)。

"君子之学也,以美其身",要"入乎耳,著乎心,布乎四体,形乎动静",身心全部转化,举手投足,都能成为世人的道德规范、行为准则。"百发失一,不足谓善射;千里跬步不至,不足谓善御";"不全不粹之不足以为美也"!(《荀子·劝学》)

一是学,二是养。"君子养心莫善于诚,致诚则无它事矣。唯仁之为守,唯义之为行。诚心守仁则形,形则神,神则能化矣。诚心行义则理,理则明,明则能变矣。变化代兴,谓之天德。"(《荀子·不苟》)

荀子说,"君子博学而日参省乎己",日积月累,"积善成德,而神明自得,圣心备焉"。(《荀子·劝学》)

故圣人化性而起伪,伪起而生礼义,礼义生而制法度。然则,礼义法度者,是圣人之所生也。

"礼者",不仅是"人道之极也",也是"法之大分,类之纲纪也"。

礼有"三本":"天地者,生之本也;先祖者,类之本也;君师者,治之本也","故礼,上事天下事地,尊先祖,而隆君师。是礼之三本也"。(《荀子·礼论》)

荀子有赋云:"治之经,礼与刑,君子以修百姓宁。"(《荀子·成相》)因人性本恶,故圣王之治,礼法并重,"隆礼尊贤而王,重法爱民而霸"(《荀子·大略》)。

荀子的历史眼光清明而透彻，并不厚古薄今。他说"法先王"固然最好，"法后王"也很好。"法先王"要有圣王出世，大儒辅佐，这个在历史上很难遇到。

不然，可以"法后王"。"法后王，一制度，隆礼义而杀诗书，其言行已有大法矣"，尊贤畏法的雅儒，足以使"千乘之国安"。

荀子到秦国见过秦昭王，对秦国给予了很高的评价："入境，观其风俗，其百姓朴，其声乐不流污，其服不挑，甚畏有司而顺，古之民也。及都邑官府，其百吏肃然，莫不恭俭、敦敬、忠信而不楛，古之吏也。入其国，观其士大夫，出于其门，入于公门；出于公门，归于其家，无有私事也；不比周，不朋党，偶然莫不明通而公也，古之士大夫也。观其朝廷，其朝闲，听决百事不留，恬然如无治者，古之朝也。"（《荀子·强国》）

不似那些恪守成规的礼仪之邦，是一个靠变法崛起的新兴国家，人民有古风，法度合古制。

荀子说，尽管秦国"威强乎汤武，广大乎舜禹"，能统霸天下，却不能长治久安："是何也？则其殆无儒邪！"（《荀子·强国》）

荀子是一代通儒，曾三任齐国稷下学宫祭酒，终老兰陵。著述数万言，以儒为宗，杂收百家之长，博大精深，后人名之为《荀子》。荀子善《易》《书》《诗》《礼》《春秋》，传之两汉，而为儒家的治国纲领。梁启超说："自秦汉以后，政治学术皆出于荀子。"（《论支那宗教改革》）

韩非子

《汉书·艺文志》云:"法家者流,盖出于理官。信赏必罚,以辅礼制。《易》曰'先王以明罚饬法',此其所长也。及刻者为之,则无教化,去仁爱,专任刑法而欲以致治,至于残害至亲,伤恩薄厚。"

法家理性、务实、冷静、寡情,目标只有一个,富国强兵。

春秋战国时期,很多贤臣良将,如百里奚、管仲、商鞅、吴起等,都是法家的代表人物。最倚重法家的是秦国。

秦国王族出自商朝名门,为纣王大臣飞廉、恶来(即所谓的"助纣为虐"者)之后。周初,以善为周王室养马而封于秦。秦襄公因抗击戎狄、护送周平王有功,被封为诸侯。

尽管如此，列国仍视秦国如夷狄。

公元前362年，秦孝公继位。商鞅带着李悝的《法经》来到秦国游说，称《礼》《乐》《诗》《书》等为国之"六虱"，主张土地私有，以农立国，以法治国，以军功授爵。《商君书》云：

圣人知治国之要，故令民归心于农。归心于农，则民朴而可正也，纷纷则易使也，信可以守战也。壹，则少诈而重居；壹，则可以赏罚进也；壹，则可以外用也。夫民之亲上死制也，以其旦暮从事于农。

《汉书·食货志》云：

秦孝公用商君，坏井田，开阡陌，急耕战之赏。虽非古道，犹以务本之故，倾邻国而雄诸侯。然王制遂灭，僭差无度。

一年耕战，十年强。十年耕战，百年强。秦以法家治国，到嬴政时，已具备吞并六国的实力。

一次，嬴政读到了《孤愤》《五蠹》之书，大为赞赏："嗟乎，寡人得见此人与之游，死不恨矣！"李斯说："此韩非之所著书也。"（《史记·老子韩非列传》）

韩非与李斯都是荀子的学生。

韩非（约前280—前233），本是韩国的贵公子，数以书谏韩王而不能用，"悲廉直不容于邪枉之臣，观往者得失之变，故作《孤愤》《五蠹》《内外储》《说林》《说难》十余万言"（《史记·老子韩非列传》)。嬴政为得到韩非,发兵急攻韩国。韩王无奈,献出了韩非。

法家不都只是重现实的暴君酷吏,法家思想从根本上与黄老之术相通。

《史记》把韩非、申不害与老庄合传,言韩非子"喜刑名法术之学,而其归本于黄老"。

《韩非子》云:"道者,万物之始,是非之纪也。是以明君守始以知万物之源,治纪以知善败之端。故虚静以待令,令名自命也,令事自定也。虚则知实之情,静则知动者正。"

国君心如空窍,虚则静,静则明。不出于户,可以知天下;不窥于牖,可以知天道。

治国之道,也很简单,一者法,二者术。法是对百姓的,术是对大臣的。最吸引秦王嬴政的,就是韩非子的驭人之术。"术者,藏之于胸中,以偶众端而潜御群臣者也"(《韩非子·难三》)。

人人都是野心家,帝王千万不要相信臣子的忠诚。"桓公,五伯之上也,争国而杀其兄,其利大也。臣主之间,非兄弟之亲也。劫杀之功,制万乘而享大利,则群臣孰非阳虎也?"(《韩非子·难四》)

"黄帝有言曰:'上下一日百战。'"君臣之间,时时刻刻都在暗中较量,"下匿其私,用试其上;上操度量,以割其下"。(《韩非子·扬权》)

"人主之道,静退以为宝。不自操事而知拙与巧,不自计虑而知福与咎。"(《韩非子·立道》)君主虚静自守，高深莫测，而对下情，洞若观火，群臣就会诚惶诚恐。此乃帝王驾驭之术也。

治国理政，一是去智与巧。"老子曰：'以智治国，国之贼也。'其子产之谓矣。"(《韩非子·难三》)

二是不尚贤。越王好勇而民多轻死，楚灵王好细腰而国中多饿人，故"人主有二患：任贤，则臣将乘于贤以劫其君；妄举，则事沮不胜。故人主好贤，则群臣饰行以要君欲，则是群臣之情不效"(《韩非子·二柄》)。

三是废仁政。"夫有施与贫困，则无功者得赏；不忍诛罚，则暴乱者不止。国有无功得赏者，则民不外务当敌斩首，内不急力田疾作，皆欲行货财，事富贵，为私善，立名誉，以取尊官厚俸。故奸私之臣愈众，而暴乱之徒愈胜，不亡何待！"(《韩非子·奸劫弑臣》)

四是非尧舜。说孔子言必称三代，推崇千年前的尧、舜之道，真是削足适履，非愚则诬。尧舜也好，桀纣也好，都是千世一出的人物。世上的人，都是普普通通的人；时代，都是普普通通的时代；上不及尧、舜，而下亦不为桀、纣。"抱法处势则治，背法去势则乱。"今废势背法而待尧、舜，是千世乱而一治也。"今待尧、舜之贤乃治当世之民，是犹待粱肉而救饿之说也。"(《韩非子·难势》)

人性都是善恶参半的。人善人恶不重要，重要的是不敢作恶。"夫圣人之治国，不恃人之为吾善也，而用其不得为非也"。

惩恶就是至善。就像身上生疮的婴儿,想要刓疮,"必一人抱之,慈母治之,然犹啼呼不止,婴儿子不知犯其所小苦致其所大利也"。(《韩非子·显学》)

要依法治国。"国无常强,无常弱。奉法者强,则国强;奉法者弱,则国弱。"(《韩非子·有度》)

法律面前人人平等。"法不阿贵,绳不挠曲。法之所加,智者弗能辞,勇者弗敢争。刑过不避大臣,赏善不遗匹夫。故矫上之失,诘下之邪,治乱决缪,绌羡齐非,一民之轨,莫如法。"(《韩非子·有度》)

如此,"身在深宫之中而明照四海之内,而天下弗能蔽弗能欺者何也"(《韩非子·奸劫弑臣》),才能真正"上德无为而无不为也"。

堂溪公曾劝韩非,"吴起支解而商君车裂",恐怕不会有好下场。韩非说:"惮乱主暗上之患祸,而避乎死亡之害,知明夫身而不见民萌之资利者,贪鄙之为也。臣不忍向贪鄙之为,不敢伤仁智之行。先王有幸臣之意,然有大伤臣之实。"(《韩非子·问田》)

韩非早已下定了向死而行的决心。不久,他就受到了李斯的陷害,自杀身亡。

司马迁叹息说:"余独悲韩子为《说难》,而不能自脱耳。"(《史记·老子韩非列传》)

第二编

秦汉

/ 概　说 /

"六王毕，四海一。"公元前221年，秦始皇统一天下。中原文化扩展到了塞北沙漠的匈奴人控制区和岭南的越人居住地。秦帝国建立，其版图的规模、行政的力度、控制的效能、文化理念的同一，与商周时代完全不同。

秦汉学术，以汉武帝"独尊儒术"为界，分为从秦始皇到汉景帝的"法后王"时期，和从汉武帝直到曹魏篡汉的"法先王"时期。

"法后王"，沿用春秋战国以来逐渐形成的新的治国方略，因时制宜，富国强兵。

"法先王"，效法古代圣王，以恢复尧舜禹时代的社会风尚为目标，以儒家思想治国。孔子所编撰的《诗》《书》《礼》《乐》《易》《春秋》，上通天道，下达人事，可实现先王三代之治，被称作"六经"，被奉为国家的宪法大纲和百姓的日常伦理规范。

研究经文中圣人的微言大义以经世致用，是为经学。经学是汉王朝的思想支柱和精神源泉。经学的兴衰史，就是汉朝的兴衰史。

因追寻先王治国之道而形成的崇古、复古热潮，到王莽"托古改制"时达到了顶峰。王莽的灭亡，宣告了在汉代建设周朝乌托邦社会的理想的幻灭。

东汉经学，走向了繁琐的章句之学和荒唐的谶纬之术。

东汉士人，尤重精神人格的自我完善。在外戚宦官交替专权的黑暗时代，经过儒学陶铸的忠孝节义之士，是朝廷纲纪和社会道德的中流砥柱，成为鲁迅所说的"中华民族的脊梁"。

"党锢"之祸，当宦官掌控的朝廷对读书人赶尽杀绝的时候，汉王朝也就灭亡了。

/ 大一统 /

经过了近五百年的战乱,天下士民世世代代所共同期盼的"大一统"终于到来。

大一统的社会需要大一统的理论。

首先是要建立拥有绝对权威的中央政府。《吕氏春秋》说:"乱莫大于无天子。无天子则强者胜弱,众者暴寡,以兵相残,不得休息。"

其次是如何管理政治文化四分五裂的偌大一个"天下"。儒生向往西周的社会秩序,建议学习武王,分封子弟、功臣为诸侯,各自开疆辟土,拱卫中央。

秦始皇说:"天下共苦战斗不休,以有侯王。赖宗庙,天下

初定，又复立国，是树兵也。而求其宁息，岂不难哉？"(《史记·秦始皇本纪》)

秦始皇采纳李斯建议，彻底打破自古以来的世卿世禄制度，实行在战国中逐渐成熟的郡县行政制度，分天下为三十六郡，直属中央。

秦奠定了国家统一的政治基础，毛泽东称"百代都行秦政法"(《七律·读〈封建论〉呈郭老》)。

秦始皇期望各国之间自此化敌为友，化剑为犁，共同建设太平盛世。下令拆除国与国之间的城墙、关隘；修建四通八达的交通网；收缴天下兵器，销熔而铸成金人；国防力量集中对准骚扰边境的游牧民族。

秦始皇同样推行儒家的德政。政府以吏为师，教化人民，正民俗，清风化，尚孝道，重农耕，奖生育。司马迁说："秦有天下，悉内六国礼仪，采择其善，虽不合圣制，其尊君抑臣，朝廷济济，依古以来。"(《史记·礼书》)顾炎武称赞其"坊民正俗之意固未始异于三王"(《日知录》卷十三)。倘若秦始皇的治国之策能够继续沿用下去的话，其在历史上的声望，当不亚于尧舜。

秦始皇来自西部边陲，对东方文化相当敬重。招纳儒生，设博士官，"国有疑事，掌承问对"(《续汉志》)。祭祀封禅，制定礼乐，均听取他们的意见。

儒生们以先王文化传承人自居，瞧不起西秦这个没有文化的暴发户，批评朝政，嘲笑秦人，"道古以害今，饰虚言以乱实"（《史记·李斯列传》），终于激怒了秦始皇——焚书坑儒。秦国之外的史书（多有辱骂秦国之语）与诗书百家（为师古议政者之理论依据），尽遭劫难。

中国历史，凡历久分裂而归统一者，人心浮动，王朝皆不长寿。如秦之于汉，隋之于唐，后周之于宋，都是为下一个王朝作嫁衣裳。史家称之为"瓶颈"现象。

秦始皇定一尊于朝廷，综百家于博士，乃开天辟地之伟业。可惜，王霸之术，可灭六国之兵，而不能归天下之心。秦人法律严峻，不懂怀柔之术，处处以征服者自居，又过于急功近利，导致民力竭尽，怨声载道。始皇一死，帝国迅速分崩离析。

第二编 秦 汉

黄老之术

人情犹狃于故见，而天意已另换新局。

项羽本为楚国贵族后裔，看不清历史已经进入了一个新的时代。灭秦称霸后，仍然模仿周朝之传统，分封诸侯，结果又回到了相互攻伐的"战国"。

垓下之战，刘邦灭了项羽，成了"真龙天子"。

刘邦军政集团，是一群来自社会下层的平民，既无政治目标，亦无治国经验，但都是识时务的俊杰。一方面分封功臣，抚慰人心；另一方面实行郡县制，强化中央集权。萧何之定律令，叔孙通之定仪法，张苍之定章程，韩信之定兵法，均模仿秦朝的制度。秦始皇的"大一统"帝国之梦，反倒在刘邦手里实现了。

汉之得天下，并非英雄创造的霸业，乃是财力枯竭、人丁殆尽的结果。

《汉书》称："汉兴，接秦之敝，诸侯并起，民失作业，而大饥馑。凡米石五千，人相食，死者过半……天下既定，民亡盖藏，自天子不能具醇驷，而将相或乘牛车。"

在这种情况下，也只能依托黄老之术，休养生息。

黄老之术以黄帝和老子的思想为纲要，治道贵清静而民自定。刘邦接受了陆贾"事逾烦，天下逾乱；法逾滋，而奸逾炽"的建议，轻徭薄赋，无为而治。《史记》云："君臣俱欲休息乎无为，故惠帝垂拱，高后女主称制，政不出房户，天下晏然。刑罚罕用，罪人是希。民务稼穑，衣食滋殖。"

在汉武帝尊儒家六经之前，以黄老之书为经。汉景帝之母窦太后"好黄帝、老子言，帝及太子诸窦不得不读《黄帝》《老子》，尊其术"（《史记·外戚列传》）。辕固说《老子》："此是家人言耳。"窦太后大怒，将辕固投入猪圈与野猪搏斗。景帝暗中派人给辕固一把利刃。辕固刺死野猪，才幸免一死。

汉景帝"以黄子、老子义体尤深，改子为经，始立道学。敕令朝野，悉讽诵之"（《法苑珠林·破邪篇》）。

经过高祖、惠帝、吕后的与民休息，尤其是文帝、景帝的简俭之治，汉朝国力达到鼎盛时期。史称："七十年间，国家无事。非遇水旱，则民人给家足。都鄙廪庾尽满，而府库余财。京师之钱，累百巨万，贯朽不可校。太仓之粟，陈陈相因，充溢露积于外，腐败不能食。众庶街巷有马，阡陌之间成群。"（《史记·平准书》）

独尊儒术

汉初，叔孙通制定朝廷礼仪，征召鲁国儒生入京。有两人不肯行，说现在天下初定，时机还不到，儒家之礼乐兴起，要到百年积德之后。

黄老之术只能救一时之弊，称不上是千秋万代的大道。公元前135年，窦太后亡故，黄老之学寿终正寝。

汉武帝希慕尧舜圣王之治，但心中一直充满疑问：既然大家都说王道礼乐好，为什么却五百年一去不返，无法施行？行天道者，上天为什么不眷顾？逆天道者，上天为什么不惩罚？等等。

对于少年天子的困惑，董仲舒做了圆满的答复。

董仲舒（前179—前104），广川人，精通《春秋》公羊学，景帝年间为博士。讲经授徒，三年不窥园。进退容止，非礼不行，学士皆师尊之。

公元前134年，汉武帝诏贤良对策，董仲舒前后三次应对，这就是著名的《天人三策》。

董仲舒说，我反复研究《春秋》，"视前世已行之事，以观天人相与之际，甚可畏也"，国家将有失道之败，而天乃发出灾害怪异反复警告，"以此见天心之仁爱人君而欲止其乱也"。（《汉书·董仲舒传》）

帝王之所以为帝王，在于天命。"天之所大奉使之王者，必有非人力所能致而自至者，此受命之符也。"（《汉书·董仲舒传》）

百姓的心意就是天命。"天下之人同心归之，若归父母，故天瑞应诚而至。"（《汉书·董仲舒传》）

"天道之大者，在阴阳。阳为德，阴为刑；刑主杀而德主生。"（《汉书·董仲舒传》）阳常居夏，以生育养长为事；阴常居冬，而积于空虚不用之处。由此可见，天之任德不任刑。帝王服从天命，要用道德教化而不任用刑罚。

实行仁、义、礼、乐就是遵从天道。圣王已没，而子孙仍能长久安宁数百岁，这都是礼乐教化之功。"乐者，所以变民风，化民俗也；其变民也易，其化人也著。故声发于和而本于情，接于肌肤，臧于骨髓。故王道虽微缺，而管弦之声未衰也。"（《汉书·董仲舒传》）

周道衰于幽王、厉王。"道"并没有亡，只是幽王、厉王不遵"道"而已。孔子说："人能弘道，非道弘人。"故治乱废兴在于国君自己，不能怨天尤人。

君王尊道，首先正心。"为人君者，正心以正朝廷，正朝廷以正百官，正百官以正万民，正万民以正四方。"君心正，则四方正，风调雨顺，国泰民安，"阴阳调而风雨时，群生和而万民殖，五谷孰而草木茂，天地之间被润泽而大丰美。四海之内闻盛德而皆徕臣，诸福之物，可致之祥，莫不毕至。而王道终矣"。(《汉书·董仲舒传》)

汉武帝看了董仲舒的奏章，耳目一新，进而问曰："盖闻虞舜之时，游于岩郎之上，垂拱无为，而天下太平。周文王至于日昃不暇食，而宇内亦治。"(《汉书·董仲舒传》)为什么到了我们的汉朝，黄老之术就同儒术势如水火了呢？帝王之道，到底一贯还是不一贯？相同还是不同？

秦人行暴政而亡；"今朕亲耕籍田以为农先，劝孝悌，崇有德，使者冠盖相望，问勤劳，恤孤独，尽思极神"(《汉书·董仲舒传》)，而太平之世为何还没到来？

董仲舒上第二策，说陛下有尧舜之心，然不见功效者，是因为官吏出身豪门权贵，劝武帝"兴太学，置明师，以养天下之士"，量材而授官，录德而定位。"遍得天下之贤人，则三王之盛易为，而尧、舜之名可及也。"(《汉书·董仲舒传》)

第三策最为重要。"道之大，原出于天。天不变，道亦不变。"(《汉书·董仲舒传》)禹继舜，舜继尧，三圣相受而守一道。夏尚忠，殷尚敬，周尚文，因为所遇不同，而非道不同。

圣人是天的代言人。"孔子作《春秋》，上揆之天道，下质诸人情，参之于古，考之于今。故《春秋》之所讥，灾害之所加也；《春秋》之所恶，怪异之所施也。"（《汉书·董仲舒传》）

董仲舒提出了"罢黜百家，独尊儒术"的政治主张。他说："《春秋》，大一统者，天地之常经，古今之通谊也。今师异道，人异论，百家殊方，指意不同，是以上亡以持一统；法制数变，下不知所守。臣愚以为诸不在六艺之科孔子之术者，皆绝其道，勿使并进。邪辟之说灭息，然后统纪可一而法度可明，民知所从矣。"（《汉书·董仲舒传》）

《春秋》经世

诸侯混战，焚书坑儒，楚汉争霸，六经劫难连连。在北方的农村，儒士们胸怀理想，隐于耕读。三时耕作，一时诵习，三年而习一艺，三十而通六经，代代相传，绵延不断。

汉代，求经书于民间，乃有田何之《易》，伏生之《书》，高堂生之《礼》，齐、鲁、韩三家之《诗》，公羊、穀梁之《春秋》。六经重新回到朝廷，成为统一国人思想之学问。郑玄《周礼注》中说："典，常也，经也，法也。王谓之礼经，常所秉以治天下也。邦国官府谓之礼法，常所守以为法式也。"

董仲舒《春秋繁露》说："《诗》无达诂，《易》无达占，《春秋》无达辞。从变从义而一以奉人。"如何才能准确地把握圣人的思想精髓，并在行政事务与日常行为中活学活用，是关键的关键。儒生、博士、公卿的重大责任，就是读经、解经。经学遂成为一门独立而神圣的学问。

西汉经学，以《春秋》为上。

从上古以来，一朝新王兴起，则必有一圣王为之创法定制。如尧舜，如禹汤，如文武周公，皆其例。秦始皇统一天下，却无圣王帮他立法，故二世而绝。

《诗》《书》《易》《礼》皆属前王之经。唯有《春秋》，是孔子自己所著，简直是专门为汉朝准备的！

孔子乃一介布衣，权威何在？汉儒公认孔子是"素王"，即"无冕之王"，"为后世受命之君，制明王之法"（郑玄《六艺论》）。

诠释《春秋》之作，称之为"传"。其中，左丘明《春秋左氏传》，公羊高《春秋公羊传》，穀梁赤《春秋穀梁传》，合称《春秋三传》。公羊学能随时变，最受欢迎。

公羊家解读《春秋》，有"三科九旨"之说。三科即"存三统，张三世，异内外"（孔颖达引宋氏《春秋说》注）。

一科"存三统"，其中有"三旨"："新周，故宋，以《春秋》当新王"（何休《文谥例》）。

《春秋》最恨亡人之国。以强凌弱，以众暴寡，不仁之甚。周初封夏、殷二代之后，凡一新王朝兴起，都要保留上两个王朝的香火祭祀、文化传统，"兴灭国，继绝世，举逸民，天下之民归心焉"（《论语·尧曰》）。孔子以《春秋》当新王，也要保留殷、周两个王朝的文化。殷本来就是文化遗产，叫作"故宋"；周朝刚刚进入古典之列，故称"新周"。

这一点非常关键。过去一直认为，孔子生活在东周，梦想是恢复周的文化。现在，孔子成了新王，《春秋》是新的王法，周的文化成了历史遗产。汉代的政权就跨过了秦，直接上承周朝。

秦始皇推"五德之运"，认为周是"火德"，自己是"水德"。汉高祖处处模仿秦始皇，也自定为"水德"。《吕氏春秋》云："代火者必将水"，"数备将徙于土"。汉武帝遂改为"土德"，色尚黄，从夏正，并封禅告天。这样一来，等于宣布：自己的天下，非得之于人，而是受之于天。

二科亦有"三旨"："所见异辞，所闻异辞，所传闻异辞"（《公羊传·隐公元年》），又称作"张三世"。"三世"者，按照保守的讲法，《春秋》自鲁哀公上迄隐公，凡十二君二百四十二年。其中，孔子经历过的"所见世"六十一年，"所闻世"八十一年，"所传闻世"九十六年。经学家有了新的积极的解释："所传闻世"，又称为"拨乱世"；"所闻世"，又称为"升平世"；"所见世"，又叫"太平世"。《春秋》乃孔子为拨乱反正所作，理想的社会即将到来，现在是"拨乱世"，将来进入"升平世"，最后是"太平世"。

三科"异内外"，亦有"三旨"："内其国而外诸夏，内诸夏而外夷狄"（《公羊传·成公十五年》）。董仲舒说："王化自近及远，由其国，而诸夏，而夷狄，以渐进于大同。"（《春秋繁露》）德政教化由内到外，渐次而行。开始，本国是内，诸夏是外，是"拨乱世"的阶段；然后，以诸夏为内，夷狄为外，是"升平世"的阶段；最后，夷狄也被教化了，天下大同，成为一体，是为"太平世"。

是否为夷狄，要观其行为。韩愈《原道》云："孔子之作《春秋》也，诸侯用夷礼则夷之，进于中国则中国之。"楚国乃蛮夷，其后文明日进，则不复以蛮夷视之。晋、郑等国本为诸夏，如行为不合义礼，亦视为夷狄。

汉朝君臣，以"《春秋》决狱"，根据孔子在《春秋》中的微言大义，判断是非。其中有一个很典型的例子。

汉昭帝始元五年春，一身着黄装的男子驾着一辆黄犊车，径直驰到未央宫北阙，说："我乃卫太子也。"武帝的卫太子早在九年以前就自杀身亡了。宫里十分紧张，重兵布防。丞相、御史等大臣见此人模样与卫太子无异，一时束手无策。

京兆尹隽不疑赶到现场，喝令："拿下！"有人质疑："是非未可知，且安之。"不疑说："诸君何患于卫太子！昔蒯聩违命出奔，辄距而不纳，《春秋》是之。卫太子得罪先帝，亡不即死，今来自诣，此罪人也。"

定公十四年，卫灵公之世子蒯聩因抗父命，亡奔宋、晋。卫灵公立其孙蒯辄，是为出公。后蒯聩要回国，遭到出公拒绝。依《春秋》大义，这个卫太子就是真的，也有罪。

霍光赞扬道："公卿大臣当用有经术明于大谊者。"（《资治通鉴·汉纪十五》）

《史记》

金圣叹把《史记》定为"第三才子书"。鲁迅称《史记》为"史家之绝唱,无韵之《离骚》"。人们往往把《史记》当作优秀的史学著作和文学作品来欣赏,这大大降低了《史记》的价值。

《史记》是一部足可以与孔子的《春秋》相媲美的书。

司马迁说,他的祖先,自颛顼乃至尧、舜、夏、商,都为司天地之官。到了周宣王时,王道失守,由天官变为史官。周代的"史",代表官书,囊括一切典章法令,乃至天文、卜筮。

司马迁的父亲司马谈任太史令。早年学天官于唐都,受易于杨何,习道论于黄子,都是天人之学。元封元年(公元前110年),汉武帝要在泰山举行封禅大典。司马谈因病无法成行，竟忧愤而卒。临终，他叮嘱司马迁："幽厉之后，王道缺，礼乐衰，孔子修旧起废，论《诗》《书》，作《春秋》，则学者至今则之。自获麟以来四百有余岁，而诸侯相兼，史记放绝。今汉兴，海内一统，明主贤君忠臣死义之士，余为太史而弗论载，废天下之史文，余甚惧焉，汝其念哉！"司马迁俯首流涕："小子不敏，请悉论先人所次旧闻，弗敢阙。"（《史记·太史公自序》）

对《春秋》，司马迁推崇备至。他说："夫《春秋》，上明三王之道，下辨人事之纪，别嫌疑，明是非，定犹豫，善善恶恶，贤贤贱不肖，存亡国，继绝世，补敝起废，王道之大者也。"（《史记·太史公自序》）

司马迁俨然以圣人自居，其人生使命就是续写《春秋》。他说："先人有言：自周公卒五百岁而有孔子。孔子卒后至于今五百岁，有能绍明世，正《易传》，继《春秋》，本《诗》《书》《礼》《乐》之际。意在斯乎！意在斯乎！小子何敢让焉！"（《史记·太史公自序》）

太初元年（公元前104年），司马迁开始动手编《史记》。李陵出击匈奴，兵败投降。司马迁因为李陵辩护获罪，被判宫刑。在狱中，他以"西伯拘而演《周易》，仲尼厄而作《春秋》"自勉。征和二年（公元前91年），《史记》完成。

司马迁的《史记》就是《春秋》的续集。章学诚说："史迁百三十篇，《报任安书》所谓'究天人之际，通古今之变，成一家之言'，《自序》以谓'绍名世，正《易传》，本《诗》《书》《礼》《乐》之际'，其本旨也。"（《文史通义·内篇》）

司马迁按照孔子"追修经术,以达王道,匡乱世反之于正"(《史记·太史公自序》)的"春秋笔法",笔则笔,削则削。即便对于开国的高祖、当今的皇上,同样有褒有贬,毫不隐晦,毫不畏惧,甚至被视为"谤书"。汉明帝说《史记》:"微文刺讥,贬损当世,非谊士也。"

　　《史记》比《春秋》更为恢宏。司马迁说:"罔罗天下放失旧闻,王迹所兴,原始察终,见盛观衰,论考之行事,略推三代,录秦汉,上记轩辕,下至于兹,著十二本纪,既科条之矣。并时异世,年差不明,作十表。礼乐损益,律历改易,兵权山川鬼神,天人之际,承敝通变,作八书。二十八宿环北辰,三十辐共一毂,运行无穷,辅拂股肱之臣配焉,忠信行道,以奉主上,作三十世家。扶义俶傥,不令己失时,立功名于天下,作七十列传。凡百三十篇,五十二万六千五百字,为《太史公书》。序略,以拾遗补阙,成一家之言,厥协六经异传,整齐百家杂语,藏之名山,副在京师,俟后世圣人君子。"(《史记·太史公自序》)

　　不同于《春秋》的编年体,《史记》综合前代史书中各种体例,创立了纪传体。书、表、本纪、世家、列传,五体会通,形成纵横交错的舒适结构。人物编排名实兼顾,以类相从。叙述追根求源,详因略果。事迹互见,各有侧重,条理清晰,通透活泼。

　　在刘歆的《七略》和班固的《艺文志》里,《史记》均附在《春秋》后面。晋朝荀勖把历代的典籍分为甲、乙、丙、丁四部,丙部记史记皇览。史学,在中国学术领域里成为独立的门类。

/ 谋篡与复古 /

高祖斩白蛇起义,王莽这条"大蛇"却将大汉王朝腰斩为两段。

王莽篡汉,乃是儒学发展的自然趋势。

天下者,乃天下人之天下,非一人之天下也。刘向说:"王者必通三统,明天命所授者博,非独一姓","自古及今,未有不亡之国也"。(《汉书·楚元王传》)

汉武帝崇儒,不过援儒术以为饰耳,改制度,兴礼乐,仅显示天命而已,与民事无关,有改制之名,无易道之实。加上穷兵黩武、滥用酷刑,天下虚耗,户口减半,民怨四起。宣帝之后,汉室迅速走向衰落,灾异之说蔓延。

成帝即位，又是日食，又是地震。光禄大夫谷永说："白气起东方，贱人将兴之表也；黄浊冒京师，王道微绝之应也。"（《汉书·谷永杜邺传》）大汉气数已尽，新的圣王将出。

不久，这个新的"圣人"果然出现了。

在儒士们的眼里，王莽可谓"一代完人"。

孝悌。王莽父亲早丧，"事母及寡嫂，养孤兄子，行甚敕备"，"内事诸父，曲有礼意"。（《汉书·王莽传》）伯父大将军王凤患病，王莽侍奉他，亲尝汤药，蓬首垢面，几个月未曾脱衣睡觉。

礼贤。爵位愈尊，节操愈谦。布散车马衣裘，赈济门下宾客，家无余财。收留赡养名士，结交将相卿士。

俭朴。"赏赐邑钱，悉以享士，愈为俭约。"（《汉书·王莽传》）王莽的妻子，衣裳长不及地，围裙都是布做的。看见她的人以为她是佣人，一问才知是王莽的夫人，都很吃惊。

忠正。一天，未央宫设酒宴，内者令为傅太后设置幄帐，坐在太皇太后座位旁。王莽巡视看见，斥责内者令，撤去幄帐，另设座位。傅太后大怒，皇帝则更加恩宠，说："新都侯王莽操劳国事，坚持正义，朕本来期望与他共同治理天下。太皇太后却诏令王莽引退，朕很同情他。"（《汉书·王莽传》）

王莽的儿子王获杀死了奴仆，王莽对其严厉斥责，令其自杀。

宗族称其孝，师友归其仁，朝野上下，以王莽为周公再世。皇帝年幼，模仿周公摄政，国事都委托给王莽。

周公辅成王时曾出现白雉之瑞。王莽暗令塞外蛮夷贡献白雉。众大臣极力奏请：王莽有安定汉家天下的大功，应赐号叫"安汉公"。

武功县挖井，得到一块白石，上圆下方，有红色的文字："告安汉公莽为皇帝"。

据考证，刘氏是尧的后代，王氏是舜的后代。尧让位给舜，刘家的孺子皇帝禅让给王莽，就是理所当然的了。

汉帝服膺孔子，王莽则尊奉比孔子更古的圣人周公。比起徒有虚名的"素王"，王莽处处以既有德又有位的周公自居。

早在武帝末年，从孔府的墙壁中，发现了蝌蚪文的《尚书》《礼》《论语》《孝经》等书，称为"古文经"。孔安国献给朝廷，藏之于秘府。刘歆研究整理古籍图书时发现了，便以逸《礼》为基础，建立《周官》经，是为《周礼》。

王莽大喜，以为这是周公专门为自己的新朝准备的。

王莽依《周礼》而改制，认为"制定，则天下自平，故锐思于地理，制礼作乐，讲合六经之说"（《汉书·王莽传》）。

王莽所颁布的一系列改制政令，听起来都是非常好的。钱穆说："王莽居摄及受禅后之政治，举其尤要者，如王田（尽收天下田亩为国有，而均之耕者）、废奴（解放奴隶），用意在解决当时社会兼并（此乃自先秦以来早待解决之一重要问题也），消弭贫富不均，为汉儒自贾、董以来之共同理想。"（《国史大纲》）其他，对如盐铁、酒榷、算缗、均输等，实行如近代的"社会主义"。王莽又屡次改革货币，以求裁抑兼并，平均财富。

第二编 秦 汉

结果物价飞涨，商业混乱，朝廷失信。

　　王莽事必据《周礼》。他把自己关在宫里，研究经书，重新设立官职，划分行政区域，通宵达旦，朝令夕改。钦差大臣，交错于道，冠盖相望。公卿清晨入宫，傍晚出宫，议论连年。最后，"农商失业，食货俱废，民涕泣于市道"(《汉书·王莽传》)。

　　甚至，造反的义军马上就要攻进京城了，也要按照《易经》上说的"先号啕，而后笑"，禀告上天，以求救助。王莽率群臣、儒生和平民到南郊，搥胸大哭。从早哭到晚，哭得悲哀而被任命为郎官的，多达五千多人。

　　王莽假复古之名，行谋篡之实，徒以文字为政治，坐招天下之乱。自此，中国历史上皇权的更替，"巧取"行不通，剩下的，就是"豪夺"了。

清议与党锢

东汉的学术，实在是乏善可陈。一是经学陷入了"幼童而守一艺，白首而后能言"的繁琐之学。二是今文经学与古文经学，相攻若仇，势不两立。三是"谶纬之学"非常盛行。刘秀以"刘秀当为天子"之谶而当上了皇帝。朝野上下，大事小事，乃至五经之义，皆以谶决。

值得大书一笔的，是儒士的高风亮节。梁启超《论私德》中说："光武、明、章，奖厉名节，为儒学最盛时代，收孔教复苏之良果。尚气节，崇廉耻，风俗称最美。"

东汉习儒之风，远过西汉。刘秀自幼喜欢读书，曾到长安受《尚书》，为太学生。参加义军后，常在战斗之余，"投戈讲艺，息马论道"（《后汉书·樊准传》）；每至一地，先访儒雅，采求阙文。开国功臣，邓禹、寇恂、冯异、马援等，亦多属儒生。汉明帝十岁即读懂《春秋》，即位后，亲自到太学讲经。诸大儒执经问难，明帝对答如流，环桥门听讲者万人。汉章帝见到老师，先行弟子礼，听讲《尚书》一篇后，再行君臣礼。

皇帝儒雅如此。王室外戚、功臣子弟、羽林之士，莫不受学。连匈奴贵族，也遣子入太学。各地郡国学校也纷纷建立起来，史称"四海之内，学校如林"。

后汉取士，必经明行修。盖非专重其文，而必深考其行。地方察举与公府征辟，为东汉士人入仕之两途。朝廷闻听民间有硕儒高士，直接辟召。汉末大学问家郑玄被公车征为大司农，所过郡县，长吏亲自迎送。

儒生的清议，代表了社会的道德舆论。他们品评人物，关注时事，甚至士人之进退，郡国之察举，中央之征辟，乃至朝廷政务，亦随一时之清议为转移。

章帝以后，外戚、宦官交替掌权，公然操纵废立皇帝，政治极其黑暗。公理、正义、民生，全靠一些中正耿直的大臣、儒生支撑。《后汉书·陈王列传》称："汉世乱而不亡，百余年间，数公之力也。"

桓帝、灵帝之间，主荒政缪。国家大事决定于太监，士子羞与为伍，故匹夫抗愤，处士横议。

宦官子弟亲党盘踞内廷，遍布州郡。控制察举，"举秀才，不知书。察孝廉，父别居。寒素清白浊如泥，高第良将怯如鸡"

（《桓灵时童谣》）。侵犯百姓，劫掠行旅，"皆宰州临郡，辜较百姓，与盗贼无异"（《后汉书·宦官列传》）。

数万太学生云集京师，与朝中忠良结成联盟，与宦官集团抗衡。自称"清流"，而鄙视宦官及其门徒为"浊流"。太学变成了抨击宦官、议论朝政的阵地。

"天下模楷李元礼，不畏强御陈仲举，天下俊秀王叔茂。"这三位，是"清流"中最受推崇的中坚人物。李元礼即李膺，刚正不阿，执法如山，把残杀孕妇的大宦官张让之弟处死，朝野震动。此后，宦官"皆鞠躬屏气，休沐不敢复出宫省。帝怪问其故，并叩头泣曰：'畏李校尉。'"（《后汉书·党锢列传》）士人以与李膺交往为荣，称走进李府为"登龙门"。

公元166年，宦官怂恿桓帝，以李膺"养太学游士，交结诸郡生徒，更相驱驰，共为部党，诽讪朝廷，疑乱风俗"（《后汉书·党锢列传》）为罪名，诏告天下，逮捕了李膺、陈寔、范滂等"党人"。是为"第一次党锢"。

残酷迫害活动，并没有吓倒大义凛然的官员和儒生们。"海内希风之流，遂共相标榜，指天下名士，为之称号。"（《后汉书·党锢列传》）度辽将军皇甫规以没有名列"党人"被捕为耻，上书桓帝，要求把自己一块儿治罪。

三年以后，宦官对"党人"又掀起了规模更大、株连更广、时间更长的迫害活动，史称"第二次党锢"。李膺、范滂等再次被捕，并处死。年过八旬的陈蕃，亲率府僚及太学生数十人拔刀剑冲入承明门，与宦官搏斗，寡不敌众被擒遇害。许多人冒着灭族的危险帮助流亡的"党人"。仅因掩护张俭而遭灭门之灾的，就有十数家，甚至"郡县为之残破"。

两次"党锢"，儒生几乎被一网打尽。汉朝天下自此不可收拾，不久即告灭亡。

第二编

魏晋南北朝

/ 概　说 /

如果说中国历史是一条奔腾不息的大河的话,魏晋南北朝时期一下子改变了河流的走向。

"党锢之祸"后,支撑社会理想的经学体系轰然倒塌,秦汉以来的大一统分崩离析。两条激流,乘虚汹涌而入,并将强大的活力注入中华文明之中。

一条激流是一直在北部西部边境内外蛰伏的游牧民族,灭掉西晋。

西晋皇室、贵族逃往江南,与当地士族结合,偏安一方,建立东晋王朝。而后,东晋被宋取代。齐取代宋,梁取代齐,陈取代梁。是为南朝。

匈奴、羯、氐、羌、鲜卑等在中国北部,建立起了大大小小短暂的割据政权,史称"十六国"。鲜卑的一部拓跋氏建立了统一的北魏王朝。不久,北魏又分裂为东魏、西魏。东魏被北齐取代,西魏被北周取代。是为北朝。

另一条激流是来自印度与西域的佛教,此时迅速借助玄学,取代儒学,填补了人们的精神空白。

中国的僧人和知识分子对佛经开始了深入、系统的研究与修炼。经过激烈的冲突和逐渐的融合,中国的大乘佛教得以形成。

僧团和寺院既立足于红尘之中,又独立于世俗之外,植根朝野上下,遍及大江南北,作为一种新的精神力量和社会力量,在政治、经济、文化、日常生活等各个方面都发挥出了巨大的作用。

由游牧民族建立的政权,在学习汉族文化,特别是两汉经学之后,制定出切合实际的典章制度,显示出巨大的生命力。隋、唐重新建立大一统王朝之后,中华民族进入了新的强盛时代。

/ 正始之音 /

晋隐士董养游太学,叹曰:"天人之理既灭,大乱将作矣!"(《资治通鉴·晋纪》)

曹之代汉,司马氏之代魏,均代表了一个时代的黑暗与自私。最典型的是曹操的"求贤诏令":"今天下得无有至德之人放在民间,及果勇不顾,临敌力战,若文俗之吏,高才异质,或堪为将守;负污辱之名,见笑之行,或不仁不孝而有治国用兵之术,其各举所知,勿有所遗。"(《三国志·武帝纪》)司马氏似乎想提倡名教,收拾人心。但只敢说"孝",而不敢言"忠"。就连胡人石勒也看不起他们:"曹孟德、司马仲达以狐媚取人天下于孤儿寡妇之手,大丈夫不为。"(《晋书·石勒载

记下》）

曹植诗云："文人骋其妙说兮，飞轻翰而成章。谈在昔之清风兮，总贤圣之纪纲。"（《娱宾赋》）作为社会中坚力量的知识分子，当时所谓的"名士"之流，在精神上消沉而无出路，不再议论朝政，而是谈玄辨理，清高快乐。清谈的内容，是《老子》《庄子》《周易》，称为"三玄"。

正始玄学的代表人物是何晏与王弼。

何晏是曹操的养子。《三国志》说，何晏谈起玄来："至于精神返流，与化周旋，清若金水，郁若山林"；"辞妙于理，不能折之"；"而当时权势，天下谈士，多宗尚之"。

自西汉独尊儒术之后，老子的地位降低。何晏却说：老子和孔子一样，都是圣人。圣人的人格特点是"体无"，感情空漠，没有任何喜怒哀乐。

王弼说："圣人茂于人者神明也，同于人者五情也，神明茂故能体冲和以通无，五情同故不能无哀乐以应物。然则，圣人之情，应物而无累于物者也。今以其无累，便谓不复应物，失之多矣。"（何劭《王弼传》）

何晏被比自己小二十岁的王弼所深深折服，说："仲尼称后生可畏。若斯人焉，可与言天人之际乎！"（《三国志·钟会传》）何晏自己正在注《老子》，听了王弼《老子注》的大旨，"不复得作声，但应诺诺，遂不复注，因作《道德论》"（《世说新语·文学》）。

王弼是千年一见的少年哲学天才。二十三岁，就用全新的观点，完成了对《老子》《周易》《论语》的注释，并写了《老子指略》和《周易略例》。

王弼云："《老子》之书，其几乎可一言而蔽之。噫！崇本息末而已矣。"(《老子指略》)

"本"，就是"无"。"无"，就是天地之心。《周易注》云："天地虽大，富有万物，雷动风行，运化万变，寂然至无是其本矣。故动息地中，乃天地之心见也。若其以有为心，则异类未获具存矣。"

圣人心如空谷，虚己守中，明白四达，无迷无惑，不塞其源，则物自生，不禁其性，则物自济。所谓道常无为，侯王若能守，则万物自化，这就是"玄德"。

裴微质疑，孔子为什么不谈"无"？王弼说："圣人体无，无又不可以训，故不说也。老子是有者也，故恒言无所不足。"（何劭《王弼传》）孔子心在"无"中，寄寓大道于"五经"。反而老子是在"有"中，所以一个劲谈"无"。

汉儒在"五经"的字里行间，寻找所谓的微言大义。王弼说："斯皆用其子而弃其母。"（《老子指略》）无异于缘木求鱼。"子曰：圣人立象以尽意，设卦以尽情伪，系辞焉以尽其言，变而通之以尽利，鼓之舞之以尽神。"（《周易·系辞传上》）研究圣人经典，不能拘泥于"象"与"言"。"得意忘言"，才能看明白圣人到底在说些什么。

汉易重象数，终于演变成了妖妄迷信的谶纬之术。王弼解《易经》，以人为本，明理修身，万变不离其宗。"夫时有否泰，故用有行藏；卦有小大，故辞有险易。一时之制，可反而用也；一时之吉，可反而凶也。故卦以反对，而爻亦皆变。是故用无常道，事无轨度，动静屈伸，唯变所适。"（《周易略例》）

在注《家人》一卦时，王弼说："履正而应，处尊体巽，王至斯道以有其家者也。居于尊位，而明于家道，则下莫不化矣。父父、子子、兄兄、弟弟、夫夫、妇妇，六亲和睦，交相爱乐，而家道正。正家而天下定矣。故王假有家，则勿恤而吉。"（《周易注》）亦是儒家修齐治平之本旨。

东晋范宁说，王弼、何晏，"二人之罪，深于桀纣"（《晋书·范宁传》）。这是不公正的。

王弼谈玄，目的是以老济孔，以道救儒，扶社稷之将倾。武则天曾下诏，把王弼和孟子一样从祀孔庙。宋儒对《易》的解读也正是以王弼的《周易注》为起点的。

竹林七贤

魏晋玄学的最大贡献是打破偶像崇拜，确立了士人的独立的精神人格。

《晋书》说嵇康，"盖其胸怀所寄，以高契难期，每思郢质。所与神交者，惟陈留阮籍、河内山涛。豫其流者，河内向秀、沛国刘伶、籍兄子咸、琅邪王戎。遂为竹林之游，世所谓'竹林七贤'也"。

"竹林七贤"以嵇康、阮籍为核心。

阮籍能为青白眼。母丧，礼俗之士前来吊唁，以白眼对之。嵇康赍酒挟琴而来，阮籍大悦，乃见青眼。"由是礼法之士疾之若仇。"(《晋书·阮籍传》)

阮籍说那些高标忠孝仁义而助纣为虐的伪君子们,"外易其貌,内隐其情。怀欲以求多,诈伪以要名","假廉而成贪,内险而外仁","此非汝君子之为乎?汝君子之礼法,诚天下残贼乱危死亡之术耳,而乃目以为美行不易之道,不亦过乎"?(《大人先生传》)

他心目中的人格理想,乃是庄子所追求的独与天地精神相往来的神人、真人、至人、大人。

"大人"不是隐士。隐士尚有好恶之情,殉孤高之名以丧体亡生,非能浑忘一切而玄同彼我者也。

"大人先生"并不愤世嫉俗,"不避物而处,所睹则宁;不以物为累,所由则成"。

《大人先生传》云:

夫大人者,乃与造物同体,天地并生,逍遥浮世,与道俱成。变化聚散,不常其形。天地制域于内,而浮明开达于外。天地之永,固非世俗之所及也。

圣人是拥有至高的心灵境界、彻底大公无私的人。

嵇康说得更明确:

圣人不得已而临天下,以万物为心,在宥群生,由身以道,与天下同于自得,穆然以无事为业,坦尔以天下为公。虽居君位,飨万国,恬若素士接宾客也。虽建龙旗,服华衮,忽若布衣之在身。故君臣相忘于上,蒸民家足于下。岂劝百姓之尊己,割天下

以自私，以富贵为崇高，心欲之而不已哉？（《答难养生论》）

《庄子》一书之精义，湮没已久。旧注者十数家，莫能究其旨统，独向秀妙演奇致。后郭象窃之而为《庄子注》。《竹林七贤论》云："秀为此义，读之者无不超然。若已出尘埃而窥绝冥，始了视听之表，有神德玄哲，能遗天下，外万物。"

《庄子》最为精彩之处是"逍遥之游"。刘孝标《世说新语注》云："向子期、郭子玄'逍遥义'曰：'夫大鹏之上九万，尺鷃之起榆枋，小大虽差，各任其性，苟当其分，逍遥一也。然物之芸芸，同资有待，得其所待，然后逍遥耳。唯圣人与物冥而循大变，为能无待而常通，岂独自通而已？又从有待者，不失其所待。不失，则同于大通矣。'"

无论是"无待"之圣人，"有待"之众生，都是与道浑然为一，各得其所。圣人游心于大道之中，与大道一同变化，不仅自通于大道，而且使众生也通于大道，同登逍遥之境，即"同于大通矣"！

《逍遥游》"尧让天下于许由"一节，向、郭注云："夫能令天下治，不治天下者也。故尧以不治治之"；许由名为高士，实则守一家之偏尚，"此故俗中一物，而为尧之外臣耳"。不过，"帝尧、许由各静其所遇，此乃天下之至实也"。

竹林七贤崇尚自然。

向秀、郭象提出"独化"学说，视万物为独立的绝对的自体，"未有不独化于玄冥者也。故造物者无主，而物各自造，物各自造而无所待焉，此天地之正也"（《齐物论注》）。

佛学与玄学

佛教诞生于公元前 6 世纪左右的印度。

《魏略·西戎传》载:"哀帝元寿元年(公元前 2 年),博士弟子景庐受大月氏王使伊存口授《浮屠经》。"东汉永平年间,汉明帝夜梦金人,派郎中蔡愔、秦景等十八人西去求访佛道。三年后自西域请回高僧摄摩腾、竺法兰,并用白马驮着佛像和佛经返还洛阳。永平十年(公元 67 年),汉明帝下诏在洛阳东建白马寺。这是中国第一所佛教寺院。摄摩腾、竺法兰在白马寺翻译了中国第一部佛经《四十二章经》。

佛教初传入中国的百年间,无法与作为帝国意识形态的经学抗衡。人们把佛教视同于黄老神仙之道。

经学大厦坍塌之后，整个社会进入了没有信仰的精神荒原。老庄哲学虽然超越世俗，但不具备宗教意义，不能提供足以安心立命之所。佛教不仅在宗教上能够安抚人的心灵，而且对重建社会道德体系也有重大的意义。

玄学是佛学的阶梯。僧肇少时爱好玄微，每以庄老为心要。尝读《老子》，乃叹曰："美则美矣，然栖神冥累之方，犹未尽善也。"后见旧《维摩经》，欢喜顶受，披寻玩味，乃言："始知所归矣。"（《高僧传·僧肇传》）因此出家。

西来的高僧用佛学融通玄学。鸠摩罗什用最典雅、最美丽的庄子式的语言去翻译佛经。二者交融，而为中国的大乘佛学。中印思想的结合，对各自都产生了精神上的交互影响，把佛学的哲学意义与价值提高了，也把中国道家的思想加深了。然后佛学不再是一个空洞的理论，而是代表一个生命的最高的精神。方东美称之为中国学术文化史上的一次大复兴，而且影响政治，开创了自唐高祖、唐太宗一直到唐玄宗初年的盛世。

鸠摩罗什之前，佛学第一义谛诸如般若、真如、本体、实际、法身等根本观念，都是用当时流行的"本无""道行"等玄学名词来翻译，是为"格义佛学"。

道安把般若的"空"解释为老庄的"无"，用"无为"来理解佛之涅槃寂灭。他说："无在万化之前，空为众形之始。"他的佛学思想被称为本无宗："本无者，一切诸法，本性空寂，故云本无。"（吉藏《中观论疏》）

修行就是"体无"，通过内心修炼而"与道同体"。道安的学生慧远说:"至极以不变为性,得性以体极为宗。"(《高僧传·慧远传》)佛教最高境界——涅槃以非有非无、不生不灭、恒在永住为"法性"。通过自我内修而"反本求宗",体认"法性"本体,使精神达于涅槃境界,乃是成佛的根本路径。

于法开著《惑识二谛论》云:"三界为长夜之宅,心识为大梦之主。若觉三界本空,惑识斯尽,位登十地。"

竺法温法师《心无论》云:"夫有,有形者也。无,无象者也。有象不可言无,无形不可言有。而经称色无者,但内止其心,不空外色。但内停其心,令不想外色,即色想废矣。"

支道林作"即色游玄论","即色是空,非色灭空",不坏假名,而说实相,并直接以般若解读《庄子》,令当时的名士如王羲之者十分佩服。支道林释《逍遥游》曰:"夫逍遥者,明至人之心也";"至人乘天正而高兴,游无穷于放浪。物物而不物于物,则遥然不我得;玄感不为,不疾而速,则逍然靡不适。此所以为逍遥也"。

然而,道家的"无"与佛学的"空",意义接近,却不相同。道安已经发现了这个问题,但理论上的迷惘与纷争,要待鸠摩罗什及其弟子才能廓清。

僧肇与道生

道安圆寂以后,鸠摩罗什被后秦天王姚兴派人迎至长安。

鸠摩罗什佛学造诣精湛,华文众体擅妙,风采倾倒一世,译品优美绝伦。其主要的贡献在于弘扬龙树菩萨的大乘般若空宗。

《中论》云:"因缘所生法,我说即是空,亦为是假名,亦是中道义。"

世间万物,都有其因,有其缘。因缘具备,事物存在。因缘一过,荡然无存。万物虽有,其性常空,"缘起性空"。从另一面讲,"性空缘起",正因为"性空",才能生成万物。

性空,并非否定万物在某一时间段内的存在,假名而存。

空而不空，有而非有，才是中道实相。

鸠摩罗什培养了一大批杰出的僧人，其中道生、道融、僧肇、僧睿被称为"什门四圣"。

和王弼一样，僧肇也是一位不世出的少年哲学天才。二十岁为沙门，名震三辅。后拜见鸠摩罗什，罗什惊曰："法中龙象也！"僧肇写了《物不迁论》《不真空论》《般若无知论》《涅槃无名论》合称《肇论》。

《物不迁论》，言一心悟入诸法实相，以般若而观世界万象，即物即真，当体本自不迁，皆入永恒。

旋岚偃岳而常静，江河竞注而不流，野马飘鼓而不动，日月历天而不周。

"不真空"，论真空不空，有二义：

一者，万事万物，都是因缘所生，缘过而灭。假而不实，其体本空。不真故空，名"不真空"。

二者，空生万事万物。真性缘起，成一切法。真空而妙有，不是真正的空，名"不真空"。

盖即有以明空，是谓妙空。即空以明有，是谓妙有。"不真"一语，尽大乘空义。故《中论》云："不有不无者，第一真谛也。"

以真空妙有的中道实相之义看，"格义佛学"之局限历历可见。

"心无宗"只知心空，不知外物自性本空，"得在于神静，失在于物虚"。"本无宗"以"无"为本,"有"是无,"无"也是无,堕于断见。"即色宗",以色为假名,而不知色体本空,"夫言色者,但当色即色,岂待色色而后为色哉"?(《不真空论》)

僧肇对中国佛学所作的最伟大的贡献,是以"心"为"空"的载体,大异于鸠摩罗什所传的大乘中观般若学的原义。这一点,正是僧肇高于其师的地方。

天王姚兴曾对鸠摩罗什的空宗学说质疑:"然诸家通第一义,廓然空寂,无有圣人。吾常以为殊太径庭,不近人情。若无圣人,知无者谁也?"(《广弘明集》)僧肇大为赞赏,称姚兴:"道光重映于千载!"(《涅槃无名论》)

僧肇说:"若无圣人,谁与道游?"

荀子说:"积善成德,而神明自得,圣心备焉。"(《荀子·劝学》)庄子说:"至人之用心若镜,不将不迎,应而不藏。"(《庄子·应帝王》)《般若无知论》中,僧肇以"般若"为心镜,明晰和升华了荀子、庄子所描述的心灵境界。

夫般若虚玄者,盖是三乘之宗极也。(《般若无知论》)

抵达"般若虚玄"之境者为佛。圣心,即佛心。《般若无知论》说:"是以圣人虚其心而实其照,终日知而未尝知也。故能默独韬光,虚心玄鉴,闭智塞聪,而独觉冥冥者矣。"

圣人之心,既是实相般若,又是观照般若。"神无虑,故能独王于世表。智无知,故能玄照于事外。"(《般若无知论》)照而常寂，寂而常照。照体独立，而心境双泯。是以不住无为，不舍有为。

"以圣心无知，故无所不知。不知之知，乃曰一切知。"（《般若无知论》）圣心即法身本体，光明遍照，无所不知。

"存而不可论者，其唯圣智乎？"（《般若无知论》）圣人之心，非常情知见之境，以非言可及也。

> 是以般若可虚而照，真谛可亡而知，万动可即而静，圣应可无而为。斯则不知而自知，不为而自为矣。复何知哉？复何为哉？（《般若无知论》）

鸠摩罗什读了《般若无知论》，说："吾解不谢子，辞当相揖。"传至庐山，慧远叹曰："未曾有也。"（《肇论略注》）

僧肇把佛学从玄学中解放出来。道生让佛学进入了人们的日常生活。

道生提出"人人皆有佛性"，以佛性来指导人的精神生命，把人性提升到佛性的境界。这就是佛家的生命哲学。

中国的哲学，从孔、孟、老、庄到王弼、慧远，都隐含有人人都有圣人、至人、真人之性的思想。

小乘佛教传入中国，一直在宣扬"诸行无常，诸法无我，一切皆苦"，目的是让人们弃家修道，追求解脱。大乘佛教尤其是《大般涅槃经》讲人人皆可成佛。但当时还没翻译整理完毕，道生也没看到。

道生借助庄子的得意忘言，扫相即以显体，绝言乃所表性。《法华经》认为，众生有佛知见，道生即理解为众生皆有佛性也。

道生说，鸠摩罗什所谓的"无相为相，是为实相"的"实相"，就是整个精神宇宙里面的一个终极实有，就是法身。法身、般若与涅槃"三德一体"。佛乃法之满，法为佛之理。佛、法无差别的统一，便是无上智慧所见证的涅槃。法身是最高的价值理想和标准，它的菩提之光，普照大千世界。众生人人皆可分享光明，分享佛性，凭借般若智慧，即可达到解脱的彼岸，自己成就法身。

道生的观点，在当时骇人听闻。于是旧学以为邪说讥愤滋甚，要驱逐道生。道生当众正容立誓："若我所说反于经义者，请于现身即表厉疾。若与实相不相违背者，愿舍寿之时据师子座。"（《出三藏记集·道生法师传》）

道生来到苏州虎丘山讲经，直讲得顽石点头。后来大本《涅槃经》到了南京，果称"人人悉有佛性"。道生开始讲授《涅槃经》，最终圆寂于法座之上，"端坐正容，隐几而卒，颜色不异，似若入定"（《出三藏记集·道生法师传》）。

道在目前，证在当下，迷之为凡，悟则为圣。僧肇的《不真空论》已经包含了"顿悟成佛"的思想：

不动真际为诸法立处。非离真而立处，立处即真也。然则，道远乎哉?触事而真。圣远乎哉?体之即神。

道生更开"大顿悟"义:

夫称顿者,明理不可分。悟谓照极。以不二之悟,符不分之理,理智悉称,谓之顿悟。(慧达《肇论疏》)

僧肇与道生,堪称照耀中华思想天空的"双子星座"。

崇佛与灭佛

十六国时期,一些国王喜欢称自己为"天王"而不称皇帝。后赵的石勒和石虎均"去皇帝号,称大赵天王"。前秦的苻坚及后秦的姚兴,都是"天王"。

自永嘉之乱后,生灵涂炭,中华大地到处都是人间地狱。佛教成了救济天下苍生的一剂良药。《高僧传》说:"竺佛图澄悯念苍生,常以报应之说,戒二石之凶杀,蒙益者十有八九。"

在佛经中,有转轮圣王治世的说法。《弥勒下生经》说,弥勒下生,为转轮王和人民说法,令其成佛。转轮王将僧团与国家结合起来,就能在世上建立佛国。

这些胡人皇帝,都是以圣王转世自居。有大臣说,佛是外国之神，不是汉人所应祠奉的。石虎则说："朕出自边戎，忝君诸夏，至于飨祀，应从本俗。佛是戎神，所应兼奉，其夷赵百姓有乐事佛者，特听之。"（《晋书·佛图澄传》）

作为旁观者，天王们对汉文化的弊端看得很清。北魏道武帝批评两汉的谶纬之术，"诚惑于逐鹿之说，而迷于天命也"。他还指责两晋的清谈之风，"忠义之道寝，廉耻之节废，退让之风绝，毁誉之议兴，莫不由乎贵尚名位，而祸败及之矣"。（《魏书·太祖纪》）

在汉僧的心中，周公、孔子，先圣先师的至高无上的地位也被佛陀所取代。道安称天竺为"中国""圣邦"，而视自己的祖国为"边国""异国"，以"生不值佛""生值佛后"为憾，叹息"先哲既逝，来圣未至"（《出三藏记集·道地经序》）。

天王们对高僧十分敬仰。冷酷无情、杀人如麻的石勒，唯独对佛图澄言听计从。苻坚打破襄阳，称最大的收获就是得到道安，尊为"圣人"。道安说："贫道非圣。闻龟兹国有罗什者，真圣人也！"（《肇论略注·般若无知论》）苻坚乃遣大将军吕光，率铁甲兵十万伐龟兹，索取鸠摩罗什。十七年后，姚兴又派兵击败后凉，将鸠摩罗什迎到长安，拜为国师，专门设立佛经译场，并亲自参与译经。

僧肇盛赞苻坚和姚兴两位天王："斯二王也，心游大觉之门，形镇万化之上，外扬羲和之风，内盛弘法之术"，于是，"斯乃法鼓重振于阎浮，梵轮再转于天北矣"（《鸠摩罗什法师诔》）。

佛法治国，势必与儒、道两家相冲突。不仅出家人干预朝政，心怀异志者也以宗教为号召，举以大事。北魏末年，即发生了十多次沙门叛乱。尤其是沙门法庆以杀人为成佛手段的"大乘起义"，宣称"杀一人为一住菩萨，杀十人为十住菩萨"。有五万信众追随他滥杀无辜，企图杀尽有妄有恶之人，建立一个干干净净的佛国。

北魏太武帝时，有道士寇谦之，拜见司徒崔浩，自称在嵩山见到太上老君，得到天书，并兼修儒教，愿辅佐"太平真君"。崔浩说服太武帝，以寇谦之为国师，信奉天师道。后下令诛戮长安的沙门，焚毁天下一切经像。是为"三武一宗"法难中的第一次灭佛。

第二次灭佛，却是在实践"人间佛教"的良好愿望中进行的。北周时，有还俗沙门卫元嵩上书周武帝："国治不在浮图。唐虞无佛图而国安，齐梁有寺舍而祚失。"（《广弘明集卷七》）请建造延平大寺，容贮四海万姓。以周武帝为如来，用郭邑作僧坊，和夫妻为圣众。扩充佛之慈心，惠及黎庶，不偏于僧徒。请上追古代圣王，儒、释、道治术并重。建德三年（公元574年），周武帝下诏："断佛、道二教，经像悉毁，罢沙门、道士，并令还民。并禁诸淫祀，礼典所不载者，尽除之。"（《周书·武帝纪》）

儒、释、道三家，在北方是你死我活的政治斗争，在南方则是理论上的辩论。争论的焦点是"沙门敬不敬王者"和"孝"的问题。慧远著《沙门不敬王者论》五篇，云：

出家者，能遁世以求其志，变俗以达其道。变俗，则服章不得与世典同礼；遁世，则宜高尚其迹。夫然者，故能拯溺俗于沉流，拔幽根于重劫，远通三乘之津，广开人天之路。如令一夫全德，则道洽六亲，泽流天下，虽不处王侯之位，固已协契皇极，在宥生民矣。是故内乖天属之重而不违其孝，外阙奉王之恭而不失其敬也。

慧远严正声称："袈裟非朝宗之服，钵盂非廊庙之器，沙门尘外之人，不应致敬王者。"（《沙门不敬王者论》）迫使篡位的桓玄下诏书，确立"僧人不礼敬帝王"的条制，而后成为中国的规约。

三教虽殊，同归于善。佛教和儒家、道教之间既互相排斥，又互相吸收，在竞争中发展，渐趋三教融合论。佛教自觉地进行自身的改造，在政治上忠君，在伦理上主"孝"，在理论上主张和而不同，实行儒外佛内的分工合作，把事功留给儒教，把内圣的任务转归佛法，佛、儒调协，天下归心。这正是中国宗教哲学发展的总体态势。

真心与妄心

信佛就是为了成佛。关键是，我们真的可以成佛吗？

僧肇以得圣心为成佛。道生认为如果心契佛理，即为顿悟，"体法为佛，法即佛矣。夫体法者，冥合自然，一切诸佛，莫不尽然"，"夫真理自然，悟亦冥符"。（《大般涅槃经集解》）

梁武帝结合中国人的灵魂观念，主张"真神佛性"说。众生异于木石的本性，也就是精神。神的作用有兴有废，神的本性则恒常不灭。神的本性，就是成佛的主因和主体。《礼记》云，人生而静，天之性也；感物而动，性之欲也。欲念除尽，"心清冷其若冰，志皎洁其如雪"（《净业赋》），就能返还自性而得解脱。

佛教讲六道轮回。轮回的主体是"阿赖耶识"。阿赖耶识先天是干净的，是杂染的，还是染净参半的？这是能否成佛或者是何时才能成佛的关键问题。

佛经本身就有分歧，译入中国后，领会不一，众说纷纭。当时，研究《十地经论》的"地论师"、研究《摄大乘论》的"摄论师"、研究《楞伽经》的"楞伽师"等，争论十分激烈，甚至唐代玄奘西游求法，也是与此有关。

《大乘起信论》在心性的真与妄、染与净之间，架起了一座坚固的桥梁。

《大乘起信论》云，人的"一心"，通往"心真如（清净）门"与"心生灭（杂染）门"。

心真如者，觉悟者心中的世界，乃是一法界大总相法门体，所谓"心性不生不灭"。一切诸法，唯依妄念而有差别。若离心念，则无一切境界之相，唯有清净一心。

心真如门含两义。一者如实空，依一切众生，以有妄心，念念分别，皆不相应，故说为空。若离妄心，实无可空故。二者如实不空，真心常恒不变，净法满足，则名不空。空与不空，皆无相可取，以离念境界，唯证相应。

心生灭者，是众生心中所显现的世界。

本来清净之如来藏，与生灭和合，非一非异，名为阿赖耶识。阿赖耶识含觉与不觉二义。

人心作为万法的本原，是本来清净的妙明真心，其本性为本觉。凡夫执著妄念，则为不觉。如果心体离念，即是如来平等法身，是为始觉。

此二门不是截然对立、凡圣隔绝的两重天地，乃是同一个世界。关键在于众生心是迷是悟，是染是净。从迷到悟，只是一念之间。

第三编　魏晋南北朝

/ 经学的坚守 /

西晋灭亡后,皇族司马睿与中原士族王导等"衣冠南渡",与当地豪强相结合,建立东晋。

脚跟一站稳,东晋君臣大都忙于圈地占山,并无北取中原的统一意志。世家子弟继续清谈。务实做事,视为伧俗,建功立业,反遭戒备。北方混乱,东晋常有收复河山之时机,曾四次攻取洛阳,均无功而返。

宋、齐、梁、陈的南朝王室,更为糟糕。贵族子弟既没有承接到名士的家教与门风,又没有领略到清谈的玄旨与远致,只剩下了骨肉相残的无情与无所顾忌的纵欲。《颜氏家训》说:"梁世士大夫,皆尚褒衣博带,大冠高履。出则车舆,入则扶侍。郊郭之内，无乘马者""及侯景之乱，肤脆骨柔，不堪行步，体羸气弱，不耐寒暑，坐死仓猝者，往往而然"。

而在北方，士族大姓家学流风如故。他们非常高傲，看不起野蛮的胡人贵族。在动辄灭门的杀戮面前，坚忍不拔，如中流砥柱，经学代代相传。

有识见的胡人无不倾慕汉文化。最早建立政权的刘渊，师事上党崔游，习《毛诗》《京氏易》《马氏尚书》。石勒的军中，有一个专门安置汉士大夫的"君子营"。氐人苻坚，广修学宫，强制公卿以下的子孙入学读书。《晋书》称其："遵明王之德教，阐先圣之儒风，抚育黎元，忧勤庶政。"

元魏自拓跋珪时已立太学，置五经博士，生员多达三千人。至太武帝拓跋焘时，广征衣冠士族。在此汉化深浓、儒业奋兴的气氛中，乃酝酿而有孝文帝之改革。

北魏旧都平城，处塞北荒寒之地，孝文帝迁都洛阳，以建设辐射全国的经济政治文化中心。迁都之后，第一法令即禁胡服，屏北语。随后禁归葬，变姓氏。然后，嘉奖与汉人通婚者。朝野上下，经术、文采尤胜。史称："州举茂异，郡贡孝廉，对扬王庭，每年逾众""斯文郁然，比隆周、汉也"（《魏书·儒林传》）。可惜孝文帝英年早逝，理想中道夭折。

北魏分裂为东魏、西魏，后分别为北齐、北周所取代。

北齐重用汉臣，冯敬德父子等以经学而为帝室师。尤其重用名儒杨愔，时称："主昏于上，政清于下。"（卢思道《北齐兴亡论》）北齐所制律令，借鉴"春秋公羊"学者崔浩、高允所定的北魏律法。齐律绕过魏晋，直溯两汉。隋律、唐律乃至清律，皆本齐律。

北周倚重苏绰、卢辩，依照《周礼》来确立政治制度，设置"天、地、春、夏、秋、冬"六官，而把佛、道二教都纳入其官僚体制中去。苏绰的"六条诏书"（一先治心，二敦教化，三尽地利，四擢贤良，五恤狱讼，六均赋役），成为当时官吏行政的新经典。

钱穆称赞："苏绰、卢辩诸人，卒为北周创建了一个新的政治规模，为后来隋唐所取法。将来中国全盛时期之再临，即奠基于此。"（《国史大纲》）

第四编

隋 唐

/ 概　说 /

经过四百年的分崩动乱，终于四海归一，盛世再临。

隋唐帝王都越过魏晋南北朝，以直承两汉正统为标榜。然而，隋唐对"正统"观念的理解，不同于两汉。在他们的治国理念中，没有华夷之分。这是理解隋唐乃至两宋兴亡的关键。

隋文帝被称为"圣人可汗"，和后来的成吉思汗一样，都是四海之内的大汉。隋炀帝即位后，急于让天下宾服，四处巡狩征伐，结果耗尽国力而亡。

唐太宗也被尊为"天可汗"。大唐是世界性的帝国，控制了西至天山、北至贝加尔湖、东到朝鲜半岛的广大地区。

长城不再是汉人的"院墙"，天下一家。自古是养兵防胡，现在变成了养胡为兵，骁勇善战的胡人成了大唐的军阀，终于导致了"安史之乱"。

游牧民族中，妇女与男子有同等的地位，妇女管理家务、政务乃正常之举，故有武周篡唐、公主专权、韦后当国。"武韦之乱"后，不封皇后，宦官独霸朝政，操纵废立。

中唐之后，国家处于分裂状态。安、史余孽，与平叛的功臣，拥兵割地，形成了藩镇割据乃至五代十国。游牧军队介入唐朝的内部纷争之中，为嵌入长城之内的西夏、契丹的存在埋下了伏笔。

中国失去中亚控制权，对东北地区的管辖权也被切断。契丹、奚、室韦、靺鞨等民族，学习古今制度，移入汉人农耕，势力渐盛。中原的外患，自西北渐渐转到东北而来。

国家的财政结构崩溃。唐德宗建中元年（公元780年）实行"两税法"，由征收谷物、布匹等实物为主（租庸调法），改为征收金钱为主。至宋代，形成了以金钱运营整个国政体制的"财政国家"。

人口大规模南迁，江淮得以进一步开发，成为王朝的收入来源。大运河边上的汴京形成了新的政治经济文化中心。

隋唐是中国大乘佛学的鼎盛期。

佛教之于华夏文明，如汉江之入长江、渭河之入黄河，乃有重塑再造之功。尤其是大乘佛教心性本净、法身永恒的教义，与先秦经典中的人性本善、上下与天地同流的心灵境界学说相嫁接，形成了以妙明真心为体、经信解行证、人人皆可成佛为主流的中国大乘佛学。

以引导众生成佛为宗旨，诸高僧大德开山布道。三论宗不断破妄心显真心，层层超越，时刻不离妙明真心。天台宗以"一心三观"深入法界，将诸佛境界与现实世界融为一体；其以"会三乘归一乘"的《法华经》立教，对大隋的一统江山与有力焉。法相唯识宗、净土宗、密宗、禅宗、律宗等，呈百花齐放之势。最能体现盛唐气象的，则是涵容宇宙、一体圆融、博大精深的华严宗思想体系。《华严经》所开显的"一真法界"，是诸佛菩萨的心灵世界，是人类的永恒的理想国。

唐末五代之后，禅宗独步天下。

一些文人士大夫由排斥佛教转为亲近佛教，假禅悟而成就圣贤人格。得诸心源，则儒学活矣！

隋文帝与唐太宗

公元 581 年，隋文帝杨坚登基，改年号为"开皇"，"易周氏（北周）官仪，依汉魏旧制"（《隋书·高皇纪》）。

隋文帝对中国历史的影响，是他之后的任何一个帝王都不可企及的。

隋文帝一变"贵族制"而为"律令制"。无论胡人汉人、北人南人、贵族平民，统统置于"律令"的国家管理体制之内。理性行政的基本原则，为万世法。

两汉以来，以宰相为代表的官僚集团过于膨胀，形成许多"四世三公"的门阀氏族，朝廷"力不能制"。隋文帝杨坚快刀斩乱麻，彻底取消原来的宰相负责制，改为三省六部制。元首集权，宰相分权，天下不再是家天下，政府成为文治政府。相权一分为三，不再重蹈三国两晋权臣逼君禅让的覆辙。

两汉地方政权，类似于诸侯，并不一一隶属中央，故汉末形成割据局面。隋文帝统一行政区划，将州、郡、县三级减为州、县两级，权力收归中央。

胡三省说："开皇之治，以赏良吏而成。"（《资治通鉴音注》）隋文帝整顿吏治，罢免贪官，裁汰冗员近三分之一，政治一时清明。

在军事上，改革府兵制。把府兵从兵农分离、兵将合一的职业兵改造成了兵农合一、兵将分离的民兵。国家不用养兵，军权集中于中央。

隋文帝实行均田制，定期把土地分配给农民。又崇尚节俭，减免赋役。经过二十多年的休养生息，人口大增，民富国强。《隋书》云："平徭赋，仓廪实，法令行，君子咸乐其生，小人各安其业，强无凌弱，众不暴寡，人物殷阜，朝野欢娱。"称之为"开皇之治"。

庄子说，篡位者杀其君而盗其国，"所盗者岂独其国邪？并与其圣知之法而盗之"（《庄子·胠箧》）。隋文帝政治文化遗产的真正继承者是唐代的李世民，而不是隋炀帝杨广。

杨广胆识过人，亦是雄才大略之辈，定年号为"大业"，发誓要建立"轥轹轩、唐，奄吞周、汉"的伟大业绩，当一个"子孙万代，人莫能窥"的千古一帝。

隋祚短暂，唐代史家对隋炀帝极尽诋毁之能事。事实上，唐太宗杀兄逼父，谋反得国，种种劣迹不比隋炀帝少。

一个庞大的帝国，两代而亡。李世民将杨广的悲剧当成一面镜子，时时处处引以为戒。

杨广很傲慢，狂妄地说："天下皆谓朕承藉绪余而有四海，设令朕与士大夫高选，亦当为天子！"（《资治通鉴》卷一百八十二）李世民则谦逊，大臣们歌功颂德，他非常冷静："朕每见诸方表奏符瑞，惭惧增深。"（《唐会要》卷二十八）

杨广"性不喜人谏"。李世民最为人称颂的，就是虚心纳谏。魏征有经国之才，曾在太子手下任职，常劝太子杀李世民。李世民即位后，不计前嫌，擢拜魏征为谏议大夫。魏征性又抗直，无所屈挠，常常强颜犯上。太宗说："魏征往者实我所仇，但其尽心所事，有足嘉者。……征每犯颜切谏，不许我为非，我所以重之也"。魏征再拜曰："陛下导臣使言，臣所以敢言。若陛下不受臣言，臣亦何敢犯龙鳞、触忌讳也？"（《贞观政要·任贤》）

杨广奢侈淫靡，好大喜功。李世民清静无为，与民休息，经济复苏，史称"贞观之治"。

"贞观之治"的意义，在于君臣齐心，共同治理国家。历史上，李世民成为"明君"的典范。这给怀着"致君尧舜上，再使风俗淳"理想的读书人，带来了"修身、齐家、治国、平天下"的使命感和自信心。

经学的统一与衰微

"北方戎马,不能屏视月之儒;南国浮屠,不能改经天之义。"(孔广森《戴氏遗书序》)此孔广森以为经学万古不废,历南北朝之大乱,异端虽炽,圣教不绝也。

天下一统,儒学终于重新登上历史舞台。隋文帝搜集整理五经,不拘南北,广求人才。他一再降诏吸收才德兼优之士,要求各州县"搜扬贤哲,皆取明知今古,通识治乱"(《隋书·文帝纪下》)之人。儒学再兴,"讲诵之声,道路不绝。中州之盛,自汉、魏以来,一时而已"(《隋书·儒林传》)。

任用社会精英人物,是中国古代文官政治的重要基础,也是古代中国对全世界最伟大的贡献之一。

李世民在为秦王之时，即设文学馆，广引南北硕学名儒杜如晦、房玄龄、虞世南、孔颖达等十八人为学士，轮番供值，讲论经义，商讨政事。唐太宗即位之后，"四方儒士，多抱负典籍，云会京师"（《旧唐书·儒学传》）。

唐太宗看到儒学典籍"去圣久远，文字多讹谬"（《旧唐书·儒学传》），诏国子祭酒孔颖达与颜师古、司马才章诸儒撰定五经义疏。孔颖达等参酌南北经义之歧见，以南学为主，成《五经义赞》。唐太宗大为高兴，下诏褒奖说："卿等博综古今，义理该洽。考前儒之异说，符圣人之幽旨，实为不朽！"（《旧唐书·儒学传》）下诏改其名为《五经正义》，规定其为科举考试教材。自唐至宋，科举明经取士，皆遵此本。

昔南、北朝对立，经学亦有南、北之分。南朝衣冠礼乐，文采风流，北人常称羡之。高欢就气急败坏地说：江南老翁萧衍，"专事衣冠礼乐，中原士大夫望之，以为正朔所在"（《资治通鉴》卷一百五十七）。北人笃守汉学，淳朴务实。南朝善谈名理，说经者亦多以老、庄之旨，发为骈俪之文。故虽以亡国之余，足以转移一时风气。北学反倒为南学隐没。

全国上下，尚文之风日盛，尚实之意日衰。唐玄宗时，诗赋成为进士科主要考试内容。诗赋日工，而吏治日坏。

科举取士，开辟了社会精英进入上层的通道。然而，经世安邦的圣人之学沦为追名逐利的"小人儒"，以致中后唐形成了党争的局面。

三论宗与唯识宗

王安石问张文定:"孔子去世百年,生孟子。后绝无人,何也?"张文定言:"岂无人?亦有过孔孟者。马祖道一、坦然禅师、无业禅师、雪峰、岩头、丹霞、云门。"安石不解,文定言:"儒门淡泊,收拾不住,皆归释氏。"安石欣然叹服。(大慧宗杲《宗门武库》)

张文定所举的圣人,皆是唐、五代高僧。

隋唐时期,印度的佛教经典基本翻译完毕。众多高僧,已经具足般若智慧,悟入诸法实相,各依方便,开宗立派。

三论宗为隋代吉藏大师等因据印度龙树菩萨的《中论》《十二门论》和提婆菩萨的《百论》三部论典所创,"《中论》明所显之理,《百论》破于邪执,《十二门》名为言教,以三义相成,故名为'三论'"(《三论玄义记·别释三论门》)。

三论宗"破"字当头,破斥教外教内一切偏见,破除各种妄念执着,遇有破有,遇空破空,以彻悟中道实相,始终保持心境的空明,是为"无得正观"。

三论宗立真俗二谛、八不中道、二谛三中、迷悟成佛等义。

真俗二谛。对于执着于现象的人,说万法本空,就是真谛;对于认为四大皆空的人,说事物为有,是为俗谛。有重重否定之"四重二谛":第一,说有是俗谛,说空是真谛;第二,说有说空都是俗谛,说非有非空才是真谛;第三,说空有之二与非有非空之不二都是俗谛,非二非不二才是真谛;第四,以上"三重二谛"都是教门,只有不断超越,永无所得才是真谛。

八不中道。《中论》云:"不生亦不灭,不常亦不断,不一亦不异,不来亦不出。"八不破,中道立。中道者,空相也。

二谛三中。依二谛八不的教理,建立"世谛中道,真谛中道,二谛合明中道"三种中道。不但非真非俗是中道,即真俗二谛也是中道。中假常通,体用无碍,若有所住,便丧失圆旨。

迷悟成佛义。依中道实相义,无众生可度,亦无佛道可成,但就世谛而言,有迷有悟,有佛有众生,迷者众生,悟则成佛。

三论宗以破立宗,破邪显正。唯识宗告诉人们,成佛的关键在于转识成智,转变人心。

南北朝时,菩提流支、勒那摩提、真谛等将不同学派的唯识学说传入中国,但其中歧义甚多。玄奘法师到印度取经,就学于戒贤法师。回国后，译出《成唯识论》，与其弟子窥基传播印度护法一系的唯识新学，建立唯识宗。因窥基常住长安慈恩寺，世称"慈恩大师"，故唯识宗也称为"慈恩宗"。又因为该宗从分析法相入手，以明"唯识真性"，所以又称"法相宗"或"法相唯识宗"。

印度佛教的瑜伽行派修持者，在禅定中看到了世界的本性——空性，幡然了悟，我们日常所看到的，只是表面的现象，或者说是假象。原因是"心"欺骗了我们。

瑜伽行者把世界分为可见的"相"与能见的"心"。如果以干净的心（智）来观察事物的话，我们就会看到世间万象的空性。如果以虚妄的心（识）来观察事物，看到的不仅是假象，还会为它所迷惑，极力追逐妄念幻影，是为痛苦根源。修行，就是消除妄心，显露真心，即转识成智。

妄心可分两大部分。一是先天的阿赖耶识，人类与生俱来自私自我的心识，又叫种子识。一是后天的六识，包括与眼相伴的心理活动叫眼识，与耳相伴的叫耳识，还有鼻识、舌识、身识、与想象相伴的意识。先天的阿赖耶识，与后天的眼、耳、鼻、舌、身、意六识互相影响熏习，"种子生现行，现行熏种子"。六识与阿赖耶识相互作用时，有个"中转站"，叫末那识。前六识之后，末那识被称为第七识，阿赖耶识被称为第八识。我们在现实生活中，通过眼、耳、鼻、舌、身、意六识形成的所有错误认识，都经过末那识，而储存在阿赖耶识里面。阿赖耶识是轮回果报的主体。

这个世界的存在，有"三自性"：依他起性、遍计所执性、圆成实性。

依他起性。世界的本质是空性，世间万象都不是固定不变的自我存在，而是依他而生——都是因缘和合而生的。

遍计所执性。我们见不到空性，把现象当作真实，执着追求。存在于我们心目中的世界的性状，就是遍计所执性。

圆成实性。消除掉我们心中的遍计所执，认识到事物的依他起性，让我们的心识与世界的本性圆满同一，就是圆成实性。

与"三自性"相对应的是"三无性"。悟透了依他起性，就是"生无性"，世间一切，无生无灭；悟透了遍计所执性，就是"相无性"，凡所有相，都是虚妄；悟透了圆成实性，就是"胜义无性"，远离妄执，无相空寂，一切清净，这就是转识成智，瑜伽行者修持所达的最高境界。

"识"分为八，"智"有四种。转舍有漏之八识，转得无漏之四智：转前五识为成所作智，转第六识意识为妙观察智，转第七识末那识为平等性智，转第八识阿赖耶识为大圆镜智。

慧能说："六七因上转，五八果上圆。"（《坛经·机缘品》）作为心理活动主要场所的第六识意识，与处于神经中枢的第七识末那识，是转变之"因"。意识的虚妄分别逐渐减少，末那识不再以无明蒙蔽心王。第八识中的真如种子则清晰呈现，与现实世界相接触的前五识所直觉的，就是事物的本来面目，此之谓"当下即是"的现量境。

"万法唯识""三界唯心"，转识成智，即是成佛。

天台宗

天台宗以《法华经》立宗，又被称为"法华宗"。

《法华经》又称《妙法莲华经》，大乘经典之王，显示出了佛法的无比博大、崇高与慈悲。

《法华经》用非常通俗的语言和优美的譬喻故事，告诉我们：每个人都能成佛。无论是小乘佛教里的声闻、缘觉，还是大乘佛教里的菩萨，都是"一乘"，没有差别，均可成佛。甚至分裂僧团、打死莲华色比丘尼、数次企图杀害佛陀的提婆达多，也被授记成佛。佛性就像缝在衣中的珠宝一样，伴随着每个人，只是人们浑然不觉。

佛是永恒的真理，遍一切时，遍一切处，充满整个宇宙的时间与空间。与佛陀一样，我们每一个人，既在有限的生命之中，又在无限的永恒之中。当我们把自己的境界提升到终极层面的高度时，就可以与佛同在；可以看到很多佛土，每一佛土里都有一位释迦牟尼佛在说法，可以看到无数菩萨从地涌出，他们在关怀、照顾各个国土里面的众生。

菩萨成佛，不是为了自己，而是济世度人，尤其观音菩萨，永远与众生同在。不管你在哪里，只要你祈求呼唤，就会得到感应和帮助。

《法华经》有言："诸佛世尊，唯以一大事因缘故出现于世。诸佛世尊，欲令众生开佛知见，使得清净故，出现于世；欲示众生佛之知见故，出现于世；欲令众生悟佛知见故，出现于世；欲令众生入佛知见道故，出现于世。"智者大师在禅定中，一念进入空境，观照诸法实相，了悟"心佛及众生，是三无差别"的真谛，提出了"性具"学说。

"性具"的根本义是十法界互具。所谓"十法界"，即佛、菩萨、缘觉、声闻、天、人、阿修罗、畜生、饿鬼、地狱，十个法界。

"性具善恶"。十法界的有情，不但具一切善而且具一切恶，不但具一切恶更具一切善。无恶不作的"一阐提"也不断性善，诸佛也不断性恶。一阐提遇善缘，生善根，成就佛道。佛现地狱、饿鬼、畜生之恶相，乃是恶事善用，幻化种种恶相的行事来度众生。

智者大师谓：吾人一念贪欲心起，即落在地狱法界；一念嗔恨心起，即落在饿鬼法界；一念愚痴心起，即落在畜生法界；一念嫉妒心起，即落在阿修罗法界；一念五戒心起，即落在人法界；一念十善心起，即落在天法界；一念厌离心起，即落在声闻法界；一念因缘心起，即落在缘觉法界；一念自行化他心起，即落在菩萨法界；一念平等心起，即落在佛法界。此十法界，界界互具，圆融相摄，成百法界。

又据《法华经·方便品》的十如是"如是相、如是性、如是体、如是力、如是作、如是因、如是缘、如是果、如是报、如是本末究竟"，相、性、体、力、作、因、缘、果、报、本末究竟，这十项包含了世间万象及其过去和未来，它们都是空性的体现。

所以，十如是的本质可以这样来表述："相是如、性是如、体是如、力是如、作是如、因是如、缘是如、果是如、报是如、本末究竟是如。"如者，空性也。

也可以这样表述："相如是、性如是、体如是、力如是、作如是、因如是、缘如是、果如是、报如是、本末究竟如是。"如是者，真实不虚也。

"十如""十是如""十如是"，均在人心的一念之中。每一法界具此十如是，百法界即成千如是、三千如是。

天台宗讲"一念三千"。"三千法"，即世间万象。《摩诃止观》第五卷上云："夫一心具十法界，一法界又具十法界、百法界。一界具三十种世间，百法界即具三千种世间。此三千在一念心，若无心而已，介尔有心，即具三千。"

第四编 隋 唐

当下一念之中具足三千诸法。心在迷时，含三千法，对之执着不舍；心在悟时，也含三千法，但对之并不起执，而视为方便，视为佛性的显现。

既然善与恶、十法界、十如是、世间万象，都在人的一念之中，那么这就是诸佛出世要告诉人们的道理，即所开示的"佛之知见"。接下来的问题，就是如何悟入"佛之知见"了。

智者大师说，修"一念心"。这"一念"虽是妄心，但与真心同源同体。

定慧并用，止观双修。观照当下一念之心，一念无相谓之"空"，现象历历谓之"假"，不一不异谓之"中"。

此三观法，随观一法，莫不具三。一空一切空，一假一切假，一中一切中。即空，即假，即中，三千大千世界，空有一体，皆入一念之中，此即不可思议之"一心三观"。

华严宗

憨山大师说,不读《华严》,不知佛家之富贵。

《华严经》是最美丽、最庄严、最圆满的佛教经典。

《华严经》为释迦牟尼于菩提树下成道后,初二十一日,为诸佛菩萨所宣说的。其所描绘的,乃觉悟者们的心灵世界。

释迦牟尼在尘世间成佛(《八十华严》译为法身"毗卢遮那佛",《六十华严》译为报身"卢舍那大佛"。法身报身,乃为一体)。毗卢遮那佛如旭日东升,照亮了整个宇宙。无量三千大千世界里面的无量诸佛、菩萨、天王、龙王、神灵,受觉悟之光的感召,环绕在毗卢遮那佛的周围。

毗卢遮那佛的精神之光,点燃了所有世界所有诸佛菩萨心中的光明。他们无比欣悦地融汇在佛祖的光明里面，全都成了光明的化身，每一毛孔都流泻出觉照、快乐和安详之光，闪耀在四面八方。整个宇宙，灯灯相映，光光交网，成为光明的海洋。一盏灯的光，就是无数盏灯的光，无数的灯光，就是一灯之光。"一"即"多"，"多"即"一"；一即一切，一切即一；重重无尽，圆融无碍。所有的诸佛，所有的菩萨，所有的众生，所有世界的万事万物，全都是佛性的显现，源自佛，归于佛，因就是果，果就是因。

"佛身普遍诸大会，充满法界无穷尽，寂灭无性不可取，为救世间而出现。如来法王出世间，能然照世妙法灯，境界无边亦无尽，此自在名之所证。"（《华严经·世主妙严品》）光明的宇宙无边无际，无始无终，被称为"华藏世界海"，又被称为"一真法界"。

《华严经》无穷无尽。上、中两本隐而不传，下本有十万偈。由龙树菩萨从龙宫带到人间的《华严经》仅为其下本的不到一半。

《八十华严》的"七处九会"（《六十华严》为"七处八会"），诸佛菩萨在毗卢遮那佛所放出的不同光芒的指引下，先后开显了十信、十行、十住、十回向、十地，以及等觉、妙觉五十二个次第修行法门。

在《入法界品》中，善财童子在文殊菩萨的引导下，辗转南行，历一百一十个城市，参访了德云比丘乃至弥勒菩萨等五十三位善知识，将前面所讲五十二个甘露法门，一一践行。最后进入弥勒菩萨的庄严藏大楼阁,摄受三世佛境因果,才会在一时、一际、一真法界间,显示出人人本具的妙德,如理具足,圆融自在,入于无碍解脱之门,且看见种种不可思议的境界。

最后,善财童子在普贤菩萨的色身之内,看见其每一毛孔之中都含有种种世间、种种众生。又看见自己的身体在普贤菩萨的身内,并且在十方一切世界教化众生,获得了普贤菩萨行愿之海。

杜顺和尚悟入华严法界,著有《法界观》《五教止观》,被奉为华严宗初祖。经智俨大师,再传至法藏大师,集华严宗之大成。因法藏受封贤首国师,故此宗或称为贤首宗。后有澄观、宗密,被奉为华严宗四祖、五祖。又有李唐王室后裔李通玄者,精研《华严经》,世称"李长者"。

华严宗的核心是"性起"说,又称"法界缘起"。在整个一真法界里面,宇宙万物都是因空性而起,都因佛性而起,都是一妙明真心所现。

一真法界,不在别处,就是我们所生活的世界。关键在于我们能不能得到自己的妙明真心,得到妙明真心,则拥有了一真法界。

法界分为四种,一是事法界,指宇宙万象。二是理法界,宇宙万象的本性,即空性、佛性、真心。三是理事无碍法界,所有的现象消融于妙明真心之中,理事无碍。四是事事无碍法界,在理事无碍的基础上,万事万物都是心中泛起的现象。对于一个觉悟者来说,尘世中的一切事物都是佛性的显现,没有隔阂，没有矛盾，没有对立，没有冲突，时时处处，圆融无碍。

这样的境界，又被称为"华严大定"，又叫"海印三昧"。法藏说："言海印者，真如本觉也。妄尽心澄，万象齐观。犹如大海，因风起浪，若风止息，海水澄清，无象不现。"（《妄尽还源观》）

要进入一真法界，进入如此广博澄明的"海印三昧"禅定境界，要依靠三观。

一是真空观，空不异色，色不异空，世间万象，当体即空。二是理事无碍观，色即是空，空即是色。三是周遍含容观。一一事物，虽有大小精粗之分，而各各皆据佛性而成。故一一事物，莫不具佛性之全体。无所分别，彼此互遍，互不妨碍。

真空观与理事无碍观是修行次第。周遍含容观是真如本觉。过去、现在、未来一切法，都同时在一心中印现。一切法如大海之波，相即相入，相摄相容，圆融无碍。这是佛的圆明性德的呈现。

华严宗师又立"十玄门""六相圆融"等哲学观念，描述世间万法互为缘起、同时具足、广狭自在、一多相容、诸法相即、隐密显了、微细相容、十世隔法异成、主伴圆明等不思议境界。

澄观大师说："如天帝殿珠网覆上，一明珠内万象具现，珠珠皆尔，此珠明彻，互相现影，影复现影而无穷尽。"（《华严经疏》卷二）

/ 禅　宗 /

禅宗的宗旨：不立文字，教外别传，以心传心，见性成佛。

诸宗皆以经论立宗，被视为教门。禅宗直接追溯到佛祖的灵山法会。会上，佛祖拈花示意，大众皆目瞪口呆，唯有迦叶破颜一笑。佛祖将心印衣钵传给迦叶。迦叶传阿难，为二祖。

据禅宗灯录，北魏时，西天第二十八祖达摩来到中国，从广州上岸，先来拜见梁武帝。梁武帝始终是在表象上绕圈子，不能悟入空性。达摩便离开了，在嵩洛一带行化。

达摩禅法，一是理入，二是行入。理入，深信一切众生具有同一真性，如能舍妄归真，就是凡圣等一。行入，主要是壁观。道宣说："壁观者，喻如墙壁，中直不移，心无执着，遣荡一切执见。中道所诠,即无相之实相。以无著之心,契彼真实之理。达摩禅法,旨在于此。"(汤用彤《汉魏两晋南北朝佛教史》第十九章)

中国禅宗谱系中,初祖达摩传法给二祖慧可,慧可传僧璨,僧璨传道信。唐高祖武德八年(公元625年),天下安定,道信于黄梅破额山正觉寺建立道场,付法弘忍、法融。五祖弘忍在湖北黄梅开东山法门。门中俊秀辈出,有玉泉神秀、大鉴慧能、嵩山慧安、蒙山道明、资州智侁等。五祖圆寂后,慧能在南方韶阳曹溪传法,教人顿悟成佛,被称为"南宗"禅。神秀于北方弘法,被称为"北宗"。后人以南、北二宗宗风之异,遂有"南顿北渐"之说。

神秀屡次向唐高宗、武则天推荐慧能,也亲自写信邀请慧能进京。唐高宗敕云:"南方有能禅师,密受忍大师记,传达摩衣钵,以为法信。顿悟上乘,明见佛性。"慧能无意于朝廷,只是在岭南弘化。

"菩提本无树,明镜亦非台。本来无一物,何处惹尘埃。"这一首据说是慧能写的诗偈流传很广。记载慧能言行的《坛经》,是唯一一部被称为"经"的由汉人所著的佛教典籍。

慧能听了《金刚经》中的"应无所住而生其心"而豁然大悟。"无所住",了无挂碍;"生其心",活泼自在。慧能在《坛经》中,以"无念为宗,无相为体,无住为本",来指导门徒实现人生的绝对自由。

柳宗元在为慧能写的碑文中说:"其教人始以性善,终以性善，不假耘锄，本其静矣。"

慧能以简洁灵活的方法，教人明心见性，顿悟成佛，得法弟子很多。著名的有南岳怀让、青原行思、南阳慧忠、永嘉玄觉、荷泽神会等。使禅宗源远流长、泽被万代的是南岳怀让和青原行思二位禅师。

而后，沩山灵祐、仰山慧寂师徒二人创沩仰宗，临济义玄创临济宗，洞山良价、曹山本寂创曹洞宗，云门文偃创云门宗，法眼文益开法眼宗。及至宋代，临济子孙黄龙慧南、杨岐方会复各衍出黄龙、杨岐二派。是为"五家七宗"。

高僧的开悟机缘和接引教诲后学的语录广为流传。一些经典的悟道故事，成为"公案"。很多人参"公案"而开悟。

南宋抗金名将张浚的母亲计氏法真，为大慧宗杲禅师之在家弟子，力究"狗子佛性"公案。

有人问赵州从谂禅师："狗子还有佛性也无？"赵州说："无。"又有僧问："狗子还有佛性也否？"赵州说："有。"（《赵州录》）

有，还是无？此公案为古来初入门之难关。

一天，夜静更深之时，法真忽而洞然无滞，遂作偈颂：

> 逐日看经文，如逢旧识人。
>
> 莫言频有碍，一举一回新。
>
> （《五灯会元》卷二十）

儒者的回应

唐代，反佛最为激烈的是韩愈。苏东坡称他："文起八代之衰，而道济天下之溺，忠犯人主之怒，而勇夺三军之帅。"(《潮州韩文公庙碑》)

揭开大唐强大的外表，所见是异族乱华的社会动荡和异教乱华的文化危机。韩愈为圣人之道失传而痛心，在《原道》中说："周道衰，孔子没，火于秦。黄老于汉，佛于晋、魏、梁、隋之间。其言道德仁义者，不入于杨，则归于墨；不入于老，则归于佛。入于彼，必出于此。入者主之，出者奴之；入者附之，出者污之。"

韩愈受禅宗法统启发，建立儒家的道统："尧以是传之舜，舜以是传之禹，禹以是传之汤，汤以是传之文、武、周公，文、武、周公传之孔子，孔子传之孟轲，轲之死，不得其传焉。"他以孟子的继任者自居："韩愈之贤不及孟子，孟子不能救之于未亡之前，而韩愈乃欲全之于已坏之后。"(《原道》)

孟子为了捍卫孔子学说，与墨子、杨子之流论战不休。韩愈"排斥佛老，匡救政俗之弊害"，"呵诋释迦，申明夷夏之大防"。(陈寅恪《论韩愈》)

在《谏迎佛骨表》中，韩愈辛辣而风趣地说："佛本夷狄之人，与中国言语不通，衣服殊制；口不言先王之法言，身不服先王之法服；不知君臣之义，父子之情。"假如佛陀今天还活着，来京师朝拜。陛下不妨可以在偏殿里接见一面，礼宾一设，赐衣一袭，派卫兵把他护送出境。佛陀身死已久，枯朽之骨，凶秽之余，岂宜令入宫禁？不如一把火烧了，撒到下水道里。佛陀真有能耐，我愿承担灾难。

"一封朝奏九重天，夕贬潮州路八千"(韩愈《左迁至蓝关示侄孙湘》)。佛陀没有生气，宪宗发怒了。到了潮州，韩愈却拜访大颠和尚，学禅来消除胸中滞疑。

柳宗元的看法恰恰与韩愈相反。他自幼好佛，求其道，积三十年。

柳宗元居永州龙兴寺时，室内阴暗，便在西墙开了门户，外面的日光树影透了进来，不用移动席座，临窗而得大观。《永州龙兴寺西轩记》云："夫性岂异物耶，孰能为余凿大昏之墉，辟灵照之户，广应物之轩者，吾将与为徒。"佛经，为他的心灵打开了一扇窗子。

韩愈批评他"嗜浮图言"。他在《送僧浩初序》中说,"浮图诚有不可斥者,往往与《易》《论语》合。诚乐之。其于性情奭然,不与孔子异道","吾之所取者与《易》《论语》合,虽圣人复生不可得而斥也"。佛家之"静"直入人性本源,如《礼记》所云:"人生而静,天之性也。"

将佛学与儒学融会贯通的是韩愈的弟子李翱。李翱初见石头希迁门下高僧药山惟俨禅师,药山执经卷不顾。李翱性急,高声说:"见面不似闻名。"药山笑了:"太守何故贵耳贱目?"李翱拱手道歉,问:"何谓道邪?"药山指指天,又指指净瓶说:"云在青天水在瓶。"(《宋高僧传》卷十七)李翱一下子恍然大悟,作诗云:

> 炼得身形似鹤形,千株松下两函经。
> 我来问道无余说,云在青天水在瓶。
>
> 选得幽居惬野情,终年无送亦无迎。
> 有时直上孤峰顶,月下披云啸一声。

李翱一窍通百窍通。他发现什么佛啊,禅啊,什么拈花微笑,明心见性,我们的圣人早就说得清清楚楚。一言而蔽之,"复性"而已。乃开诚明之源,作《复性书》,"以理其心,以传乎其人。乌戏!夫子复生,不废吾言矣"。

孔子的性命之学就在《中庸》的"天命之谓性,率性之谓道，修道之谓教"里面。

"何谓天命之谓性？曰：人生而静，天之性也，性者天之命也。"人的先天之性干净清静，就是禅宗说的本心佛性。禅宗所说的"客尘覆染"指的就是"情"，世人为七情所困，而不得为圣人。"桀纣之性，犹尧舜之性也。其所以不睹其性者，嗜欲好恶之所昏也，非性之罪也。"（《复性书》）

"率性之谓道，何谓也？曰：率，循也，循其源而反其性者，道也。道也者，至诚也。至诚者，天之道也。诚者定也，不动也。"（《复性书》）

"修道之谓教，何谓也？曰：诚之者，人之道也。诚之者，择善而固执之者也。修是道而归其本者明也。教也者，则可以教天下矣，颜子其人也。道也者，不可须臾离也，可离非道也。说者曰：其心不可须臾动焉故也。动则远矣，非道也。"（《复性书》）

"诚"，兼顾了禅宗的"定"与"慧"。"诚"，就是般若，就是涅槃之境。李翱说："诚者，圣人性之也，寂然不动，广大清明，照乎天地，感而遂通天下之故，行止语默，无不处于极也。复其性者贤人，循之而不已者也，不已则能归其源矣。"（《复性书》）

"归其源"者，则为圣人。

圣人制定的礼乐就是修行。"圣人之道，所谓君臣、父子、夫妇、兄弟、朋友，而养之以道德仁义之谓也。"（《去佛斋论》）

人或问曰："昔之注解《中庸》者，与生之言皆不同，何也？"李翱说："彼以事解者也，我以心通者也。"（《复性书》）

第四编　隋　唐

第五编

两宋

/ 概　说 /

　　杨坚是防政变专家，赵匡胤是防兵变专家。五代十国，兵变是常见的王朝变更的形式。赵匡胤"黄袍加身"，已是兵士拥立的第四个皇帝。赵匡胤听从赵普建议，"杯酒释兵权"，以息天下之兵。

　　陈亮说："艺祖皇帝（赵匡胤）用天下之士人，以易武臣之任事者，故本朝以儒立国。而儒道之振，独优于前代。"（《宋史》）建隆三年（公元962年），赵匡胤密镌一碑，立于太庙寝殿之夹室，谓之"誓碑"，上写"不得杀士大夫及上书言事人"。（陆游《避暑漫抄》）新天子即位，入而跪读。终宋之世，文臣无欧刀之辟。

士大夫集官僚、学者、文人于一身，积极进取，个性鲜明，追求人格的完美。"居庙堂之高则忧其民，处江湖之远则忧其君"，"先天下之忧而忧，后先下之乐而乐"。

南北朝以来，佛教主导了人的心灵，"沉酣入于骨髓"。欧阳修说："佛法为中国患千余岁，世之卓然不惑而有力者，莫不欲去之。已尝去矣，而复大集。攻之暂破而愈坚，扑之未灭而愈炽，遂至于无可奈何。"（《本论》）

二程认为"道不行，百世无善治"，"志将以斯道觉斯民"，而要重建儒家之道，"莫若修其本以胜之"。（程颐《明道先生墓表》）最根本的问题有三个：何为宇宙的真谛？人的本心本性是什么？如何才能得道？

北宋，有周敦颐、邵雍、张载、程颢、程颐，"五星聚奎"，上承孔孟心性学说之精蕴，开创理学。

此外，还有王安石变法经世的"新学"；司马光鉴古明今的"朔学"；三苏父子纵横捭阖、注重现实的"蜀学"等。

迄乎南宋，心性之辨愈精，事功之味愈淡。二程一系的朱熹成为新儒学思潮的集大成者，其思想学说取代王安石的新学而确立了主导地位。陆九渊主张"心即理"，被称为"心学"。

周敦颐

周敦颐阐扬孔孟心性之说，有千年破暗之功，被推为理学之开山鼻祖。

周敦颐（1017—1073），字茂叔，世称"濂溪先生"。大理寺臣程珦视其气象，使二子程颢、程颐往受业焉。敦颐每令二人思寻孔、颜乐处，所乐何事。二程之学，源流乎此。程颢说："自再见周茂叔后，吟风弄月以归，有'吾与点也'之意。"（《二程遗书》卷三）

《宋史·道学传》称周敦颐："博学力行，著《太极图》，明天理之根源，究万物之终始。"

《太极图》乃周敦颐融合儒道所建立的宇宙生成及运行模

式："无极—太极—阴阳—五行—天地万物"。

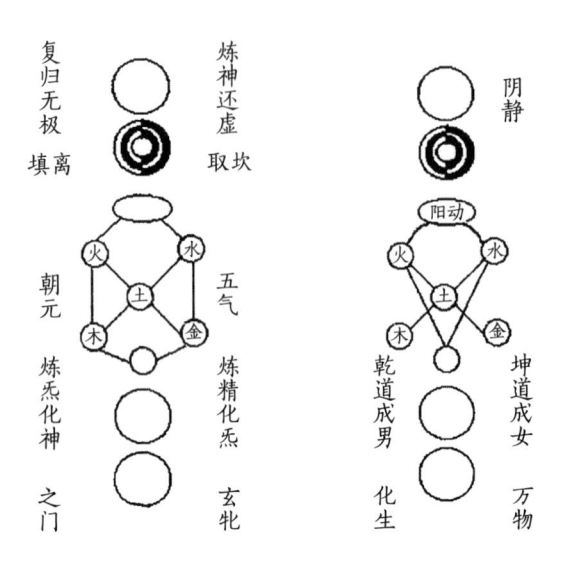

太极图

周子有《太极图说》，言天人合一之道德境界。可分为两部分。上部分言天地，为大宇宙：

无极而太极。太极动而生阳，动极而静，静而生阴，静极复动。一动一静，互为其根。分阴分阳，两仪立焉。阳变阴合，而生水、火、木、金、土。五气顺布，四时行焉。五行，一阴阳也。阴阳，一太极也。太极，本无极也。五行之生也，各一其性。无极之真，二五之精，妙合而凝。乾道成男，坤道成女。二气交感，化生万物，万物生生而变化无穷焉。

下部分言人，为小宇宙：

惟人也，得其秀而最灵。形既生矣，神发知矣，五性感动，而善恶分，万事出矣。

圣人定之以中正仁义，而主静，立人极焉。故圣人与天地合其德，日月合其明，四时合其序，鬼神合其吉凶。

君子修之吉，小人悖之凶。

故曰："立天之道，曰阴与阳。立地之道，曰柔与刚。立人之道，曰仁与义。"又曰："原始要终，故知死生之说。"大哉《易》也，斯其至矣！

"无极而太极。"宇宙全体，来自无极，归此无极。

《周易》只言阴阳运行，不言"无极"。"无极"乃取自道家。周子以"无极"为本，目的是与佛家的"无始"相颉颃。

"一阴一阳之谓道"，天命之流行也。

西方哲学中的运动与静止是客观的描述。中国哲学中的阴阳动静是道德的运化、生命的哲学。其动，万物之所资以始；其静，万物各正其性命。一动一静，互为其根，生命之所以流行而不已，乃上天有好生之德也。

人得天地之灵秀，具备五性六欲七情，感知万物；又为天地之心，知善知恶而"造化在手，宇宙在握"。

圣人含生生之德，以中正仁义为人之大本。静而涵养无私之心，故顺应天地万物之性。

圣人所立者，是天道，是地道，是人道，是生命之道，也是人类行为的准则，"君子修之吉，小人悖之凶"。

原始要终，人道、地道、天道，本是一体。由阴阳二分归于太极，太极归于无极。知一己之身与宇宙万物同源、同体、同性,方为知生死也!

周敦颐又著《通书》四十篇,与《太极图说》相表里,其核心是一个"诚"字。"诚",源自大易之道。

诚者,圣人之本。

大哉乾元,万物资始,诚之源也。乾道变化,各正性命,诚斯立焉,纯粹至善者也。故曰,一阴一阳之谓道,继之者善也,成之者性也。元亨,诚之通;利贞,诚之复。大哉《易》也,性命之源乎!

生生不息之乾元,乃宇宙之本源,生命之本源,至善之本源,性命之本源,人伦之本源。"诚,五常之本,百行之源也。"仁、义、礼、智、信,五常之性,百行之属,皆因诚而立。而圣人之所以圣者,无他焉,诚而已。"圣,诚而已矣。"(《通书》)

"诚",类似于佛性的"常、寂、光三德"。常者,为宇宙间永恒而至善的精神本体;寂者,寂然不动,无思无为,而任天道流行;光者,为圣人之心,照亮世人。(《通书》)

人人可因"诚"而为圣贤。"性焉安焉之谓圣,复焉执焉之谓贤,发微不可见、充周不可穷之谓神。"性安于"诚"者而为圣人;回归于"诚"者而为贤人;"诚",至精至微,充塞宇宙,唯圣人可见。故云:"圣希天,贤希圣,士希贤。"(《通书》)

周子主静。山静泉清,心静人诚,"圣人之道,仁义中正而已也,无欲故静"(周敦颐《太极图说自注》)。

静非不动，动而无妄曰"静"。"动而正，曰道；用而和，曰德。匪仁，匪义，匪礼，匪智，匪信，悉邪也！邪动，辱也。甚焉，害也。故君子慎动。"(《通书》)

寂然不动为"诚"；感而遂通为"神"；动静之际、有无之间谓之"几"。"诚、神、几，曰圣人。"(《通书》)

圣人知"几"。"诚无为，几善恶。"心头之一念，一动一静，若善若恶，都要了了分明。(《通书》)

人问："圣可学乎？"答曰："可。"周子说："一为要。一者，无欲也。无欲则静虚动直。静虚则明，明则通。动直则公，公则溥。明通公溥，庶矣乎！"(《通书》)

黄宗羲说："周子之学，以诚为本。从寂然不动处握诚之本，故曰主静立极。本立而道生，千变万化皆从此出。"(《宋元学案·濂溪学案》)

邵 雍

邵雍常言："学不究天人，不足谓之学。"（《皇极经世》下）程颢赞之："内圣外王之道也！"（《宋元学案·百源学案》）

邵雍（1011—1077），字尧夫，谥号康节。其先范阳人。于书无所不读，壮游四方，从北海李之才受物理性命之学，习《河图》、《洛书》、伏羲八卦六十四卦图像，妙悟神契。黄百家说："先生之教虽受于之才，其学实本于自得"，"盖其心地虚明，所以能推见得天地万物之理。即其前知，亦非术数比"。（《宋元学案·百源学案》）

邵雍终身不仕，在洛阳结茅而居，耕稼事亲，怡然甚乐，名其陋室"安乐窝"，自号"安乐先生"。邵子之乐，乃道在心中的圣人之乐。有人问朱子："康节心胸如此快活广大，安得如之？"朱子答曰："他是甚么样工夫！"又云："邵子这道理，岂易及哉！他胸襟中这个学，能包括宇宙，始终古今，如何不做得大，放得下。今人却恃个甚，敢复如此。"（《宋元学案·百源学案》）

唐代华严宗宗密大师在《原人论》中，嘲笑儒、道二家眼光短浅。其"元气"，仅相当于小乘佛教的"空劫"阶段："不知空界以前早经千千万万遍成住坏空、终而复始。故知佛教中小乘浅浅之教，已超外典深深之说。"

邵子之宇宙论，以星辰运行推衍宇宙变迁规律为"元、会、运、世"。日经天之元，月经天之会，星经天之运，辰经天之世，将时空推之无穷。朱熹说："邵康节以十二万九千六百年为一元，则是十二万九千六百之前，又是一个大阖辟，更以上亦复如此，直是动静无端，阴阳无始。"（《朱子全书》卷四十九）

邵子著《观物篇》。一个"观"字，乃是其思想之精髓。

天地虽大，无一物不在所"观"中。所观之天地亦有所尽，而能观之心却无穷无尽。

圣人之"心"，吞吐宇宙，裁判古今。"人也者，物之至者也；圣也者，人之至者也。人之至者，谓其能以一心观万心，一身观万身，一世观万世者焉。其能以心代天意，口代天言，手代天工，身代天事者焉。其能以上识天时，下尽地理，中尽物情，通照人事者焉。其能以弥纶天地，出入造化，进退古今，表里人物者焉。"（《观物篇》）

圣人观物之心，非观之于我，乃以物观物。"夫所以谓之观物者，非以目观之也。非观之以目，而观之以心也。非观之以心，而观之以理也。圣人之所以能一万物之情者，谓其能反观也。所以谓之反观者，不以我观物也。不以我观物者，以物观物之谓也。既能以物观物，又安有我于其间哉！"（《观物篇》）

世界在不停变化之中，"观"的目的，是循天理。"天下之数出于理，违乎理则入于术。世人以数而入术，故失于理也。"为政者"正"，顺应天理而利万民。

邵子有《观易吟》一首，可窥其学术之一斑：

> 一物从来有一身，一身还有一乾坤。
> 能知万物备于我，肯把三才别立根。
> 天向一中分体用，人于心上起经纶。
> 天人焉有两般义，道不虚传只在人。

张 载

张载（1020—1078），字子厚。少喜谈兵，二十一岁时，上书范仲淹，陈《边议九条》。范仲淹见其可成大器，说："儒者自有名教可乐，何事于兵。"（《宋史·张载传》）张载听从劝告，苦读《中庸》，后广研佛、道之书，反而求之"六经"，悟入"天人合一"之境。仁宗嘉祐二年（公元1057年），张载与程颢、苏轼、苏辙同登进士。与二程语道学之要时，张载涣然自信地说："吾道自足，何事旁求。"（《宋史·张载传》）

二程非常推崇这位表叔。

因反对王安石变法，张载辞官回到凤翔眉县横渠镇，"若仲尼在洙、泗之间，修仁义，兴教化"，而使"关中风俗一变而至于古"(《宋元学案·横渠学案》),世称"横渠先生"。司马光说:"窃惟子厚平生用心,欲率今世之人复三代之礼者也。"(朱熹《伊洛渊源录》)

张载言:"知人而不知天,求为贤人而不求为圣人,此秦、汉以来学者大蔽也。"(《宋史·张载传》)

张载《西铭》云:

乾称父而坤母,予兹藐焉,乃混然中处。故天地之塞吾其体,天地之帅吾其性,民吾同胞,物吾与也。大君者,吾父母宗子;其大臣,宗子之家相也。尊高年所以长其长,慈孤幼所以幼其幼,圣其合德,贤其秀也。凡天下疲癃残疾、茕独鳏寡,皆吾兄弟之颠连而无告者也。

程颐言:"《西铭》明理一而分殊,扩前圣所未发,与孟子性善养气之论同功,自孟子后盖未之见。"(《答扬时论西铭书》)

张载有《正蒙》一书。"《正蒙》者,养蒙以圣功之正也。"

《正蒙》为儒家大易之道正本清源。"《大易》不言有无。"(《正蒙》)言有言无,有生于无,是老子之学;而佛家以心法起灭天地,实则不知天命,"此二氏以无为真,常有为幻妄之根本也"(《宋元学案·横渠学案》)。

张载说,宇宙之本原,不是"无",而是"有"。本体即"气"。"太虚无形,气之本体。"(《正蒙》)宇宙是一个被"气"充满的、运动的、和谐的整体。气之聚散于太虚,犹冰凝释于水。

张载说，"太和"乃宇宙的存在常态。"太和所谓道，中涵浮沉升降，动静相感之性，是生氤氲相荡、胜负屈伸之始。"（《正蒙》）

气之感遇聚散，为风雨，为霜雪，万品之流形，山川之融结。故圣人仰观俯察，但云"知幽明之故"，不云"知有无之故"。

张载说："天地之气，虽聚散攻取百涂，然其为理也，顺而不妄。气之为物，散入无形，适得吾体；聚为有象，不失吾常。"（《正蒙》）气聚而为万物，万物散而为太虚。其聚其散，千变万化，天理蕴涵其中。

人的生命也在气的聚散之中。"天性在人，正犹水性之在冰，凝释虽异，为物一也；受光有大小，昏明，其照纳不二也。"（《正蒙》）

人性中，有"天地之性"与"气质之性"。

"天地之性"是至善至静的宇宙本体，"至静无感，性之渊源"。"形而后有气质之性"，气质之性，善恶混杂。为学之大益，就在于变化自己的"气质之性"，而回到"天地之性"。"善反之，则天地之性存焉。"（《正蒙》）

人之"心"，就是天地之"心"。"由太虚，有天之名；由气化，有道之名。合虚与气，有性之名；合性与知觉，有心之名。"（《正蒙》）

天道至诚。《正蒙》云："天所以长久不已之道，乃所谓诚。"又云："至诚，天性也；不息，天命也。人能至诚，则性尽而神可穷矣；不息，则命行而化可知矣。学未至知化，非真得也。"

天之诚，健行不已，化物不尽，生生不息，"无一物而非仁也，无一物之不体也"。人之诚，在于"善反之"，存天地之性，而察天理。"义命合一存乎理，仁智合一存乎圣，动静合一存乎神，阴阳合一存乎道，性与天道合一存乎诚"；"君子教人，举天理以示之而已；其行己也，述天理而时措之也"。(《正蒙》)

《经学理窟》云："今之性，灭天理而穷人欲，今复反归其天理。古之学者便立天理。孔、孟而后，其心不传，如荀、扬皆不能知。"

张载立志祖述孔孟之道。他说：为天地立心，为生民立命，为往圣继绝学，为万世开太平。

程 颢

二程兄弟出，宋明理学乃为大成。程颢（1032—1085），字伯淳，世称"明道先生"。程颐(1033—1107)，字正叔，世称"伊川先生"。张载说："二程从十四五时，便锐然欲学圣人。"（《宋史·列传》卷一百八十六）兄弟二人均无意仕途，以求道为志，长期在洛阳一带讲学，共创"洛学"。大程子"满腔子都是恻隐之心"(《宋元学案·明道学案》)。书窗前有茂草覆砌，或劝之芟，曰："不可！欲常见造物生意。"又置盆池畜小鱼数尾，时时观之，或问其故，曰："欲观万物自得意。"（《宋元学案·明道学案》）有《秋日偶成》诗云：

闲来无事不从容，睡觉东窗日已红。
万物静观皆自得，四时佳兴与人同。
道通天地有形外，思入风云变态中。
富贵不淫贫贱乐，男儿到此是豪雄。

程颐说其兄："视其色其接物也，如春阳之温。听其言其入人也，如时雨之润。"（《近思录·圣贤》）朱公掞拜见明道于汝州，归谓人曰："光庭在春风中坐了一月。"（《伊洛渊源录》）

程颢《识仁篇》云：

学者须先识仁。仁者，浑然与物同体。义、礼、智、信皆仁也。识得此理，以诚敬存之而已，不须防检，不须穷索。若心懈，则有防；心苟不懈，何防之有！理有未得，故须穷索；存久自明，安待穷索！此道与物无对，"大"不足以明之。天地之用，皆我之用。孟子言万物皆备于我，须反身而诚，乃为大乐。若反身未诚，则犹是二物有对，以己合彼，终未有之，又安得乐！

人生而有仁心，都有良知良能，不用费纤毫之力，好好"存"养就行了。久存此心，可夺旧习。程颢说："此理至约，惟患不能守。既能体之而乐，亦不患不能守也。"（《识仁篇》）

黄百家说："孔门之学，莫大于求仁。求仁之外，无余事矣。顾未知仁之奚若，于何求之？故明道云：'学者须先识仁。'"（《宋元学案·明道学案》）不须外求，反观自身即是。

程颢说:"医书言手足痿痹为不仁,此言最善名状。仁者,以天地万物为一体,莫非己也","欲令如是观仁,可以得仁之体"。(《近思录·道体》)

张横渠曾问程颢:"定性未能不动,犹累于外物,何如?"(《近思录·为学》)

程颢作《定性书》答云:

所谓定者,动亦定,静亦定,无将迎,无内外。苟以外物为外,牵己而从之,是以己性为有内外也。且以性为随物于外,则当其在外时,何者为在内?是有意于绝外诱,而不知性之无内外也。既以内外为二本,则又乌可遽语定哉!

夫天地之常,以其心普万物而无心;圣人之常,以其情顺万物而无情。

故君子之学,莫若廓然而大公,物来而顺应。《易》曰:贞吉,悔亡。憧憧往来,朋从尔思。苟规规于外诱之除,将见灭于东而生于西也,非惟日之不足,顾其端无穷,不可得而除也。

人之心各有所蔽,故不能适道,大率患在于自私而用智。自私,则不能以有为为应接;用智,则不能以明觉为自然。今以恶外物之心,而求照无物之地,是反鉴而索照也。《易》曰:艮其背,不获其身。行其庭,不见其人。孟氏亦曰:所恶于智者,为其凿也。与其非外而是内,不若内外之两忘也。两忘,则澄然无事矣。无事则定,定则明,明则睿何应物之为累哉!

圣人之喜,以物之当喜;圣人之怒,以物之当怒。是圣人之喜怒，不系于心而系于物也。是则圣人岂不应于物哉？乌得以从外者为非，而更求在内者为是也？今以自私用智之喜怒，而视圣人之喜怒之正，为何如哉？夫人之情易发而难制者，惟怒为甚。第能于怒时遽忘其怒，而观理之是非，亦可以见外诱之不足恶，而于道亦思过半矣。

程颢所谓"定"，不是讲心的动与静，而是心定于"仁"之中。如果识仁体仁，自己之身与宇宙万物同体，哪有内外之分？则无内无外，无动无静，心时时刻刻都在定境之中。

人之心，有二蔽。一曰"自私"，如佛家所言之"我执"。一曰"用智"，则如佛家之"法执"。去除我法二执，则与仁体浑然为一。

圣人也是人，也有喜，也有怒，喜怒皆出于公心，喜怒皆合天理。

程颢所言之"仁"，与佛之"本心"同调。然而，又有着根本的区别，他所印证的精神本体是天理，而不是空性。黄百家说："盖吾儒之与佛氏异者，全在此二字。吾儒之学，一本乎天理。而佛氏以理为障，最恶天理。先生少时亦曾出入老、释者几十年，不为所染，卒能发明孔、孟正学于千四百年无传之后者，则以'天理'二字立其宗也。"（《宋元学案·明道学案》）

天者，理也。程颢说："天下善恶皆天理。谓之恶者，非本恶，但或过或不及，便如此。如杨、墨之类。"（《宋元学案·明道学案》）

天理，就是阴阳善恶消长之道："万物莫不有对。一阴一阳，一善一恶，阳长而阴消，善增则恶减。斯理也，推之其远乎。人只要知此耳。"（《河南程氏遗书》卷十一）

程颢有句名言："吾学虽有所受。'天理'二字，却是自家体贴出来。"（《河南程氏遗书》卷十二）

他自状其体悟天理喜极之情曰："每中夜以思，不知手之舞之，足之蹈之也！"（《近思录·道体》）

程 颐

黄宗羲在《宋元学案》中说,二程"其道虽同,而造德各有所殊"。

与程颢的光风霁月不同,程颐峭壁孤峰,德盛貌严,识与不识,闻风而畏。然与人居,久而日亲。其治家接物,大要正己以感人。

程颐尝为幼帝哲宗师。讲罢未退,幼帝折柳枝,先生训斥道:"方春发生,不可无故摧折。"(《河南程氏遗书》卷二十五)

一日瞑目静坐,游定夫、杨龟山立侍不敢去。久之,乃顾曰:"日暮矣!姑就舍。"二子者退,则门外雪深尺余矣。(《宋元学案·伊川学案》)

与禅宗的空明境界不同，程颐的心是充实的。

程颐说，"心具天德"，为学者要让"天德"主于心中。

> 此正如破屋中御寇，东面一人来，未逐得，西面又一人至矣。左右前后，驱逐不暇。盖其四面空疏，盗固易入，无缘作得主定。又如虚器入水，水自然入。若以一器实之以水，置之水中，水何能入来？盖中有主则实，实则外患不能入，自然无事。（《近思录·存养》）

修养功夫，周敦颐主"静"，程颢主"敬"。程颐则以"敬"字未尽，益之以"穷理"之说。程颐说，敬只是持己之道，义便知有是有非。顺理而行，是为义也。若只守一个敬，不知集义，却是都无事也。且如欲为孝，不成只守一个"孝"字？须是知所以为孝之道，所以奉侍当如何，温清当如何，然后能尽孝道也。

所谓"涵养须用敬，进学在致知"，程颐提倡"格物致知"："格犹穷也，物犹理也。穷其理，然后足以致知。"（《河南程氏遗书》卷二十五）"一草一木皆有理，须是察。"（《河南程氏遗书》卷十八）"今日格一件，明日格一件。积习既多，然后脱然有贯通处。"（《二程遗书·语录》）

物我一理，格物就是格身。伊川说："物我一理。才明彼，即晓此，合内外之道也"；"物不必谓事物然后谓之物也，自一身之中，至万物之理，但理会得多，相次自然豁然有觉处"。（《河南程氏遗书》卷十七）

性即理也，心即理也。伊川说："孟子曰：'尽其心，知其性。'心即性也。在天为命，在人为性，论其所主为心，其实一个道也";"在天为命，在义为理，在人为性，主于身为心，其实一也"。总之，"一人之心即天地之心，一物之理即万物之理，一日之运即一岁之运"。(《宋元学案·伊川学案》)

人之性，先天为善。圣人凡人，同具一理，而"气"之所秉有善有恶。"性无不善，而有不善者，才也。性即是理，理则自尧舜至于途人一也。才秉于气，气有清浊。禀其清者为贤，禀其浊者为愚。"(《宋元学案·伊川学案》)

克己复礼，无人欲即皆天理。

诚者，真实无妄之理也。克复工夫真积力久，则私欲净尽，彻表里一于诚，纯是天理之流行而无非仁矣。(《宋元学案·伊川学案》)

如何才能"存天理""无人欲"？"性其情"，要让善之本性支配人的情欲，而不是"情其性"，让情欲控制天性。伊川说："是故觉者约其情，使合于中，正其心，养其性，故曰'性其情'。愚者则不知制之，纵其情而至于邪僻，梏其性而亡之，故曰'情其性'。凡学之道，正其心，养其性而已。中正而诚，则圣矣。"(《宋元学案·伊川学案》)

程颐重视实修功夫，嘲笑高谈阔论的学者如同"贫子说金"，看人要看气象："欲知得与不得，于心气上验之。思虑有得，中心悦豫，沛然有裕者，实得也。思虑有得，心气劳耗者，实未得也，强揣度耳。"(《宋元学案·伊川学案》)

程颐是个心入永恒之人。他说："语默犹昼夜，昼夜犹死生，死生犹古今。"(《二程遗书》卷六)

朱 熹

除了孔夫子、孟夫子之外，被称作"夫子"的，只有朱熹"朱夫子"。

朱熹（1130—1200），字元晦，为理学之集大成者，对后世影响巨大。

在《宋元学案·晦翁学案》序中，全祖望称朱子之学："致广大，尽精微，综罗百代矣"，"然善读朱子之书者，正当遍求诸家，以收去短集长之益。若墨守而屏弃一切焉，则非朱子之学也"。黄百家赞云："其为学也，主敬以立其本，穷理以致其知，反躬以践其实。而博极群书，自经史著述而外，凡夫诸子、佛老、天文、地理之学，无不涉猎而讲究也。其为间世之巨儒，复何言哉！"

天道循环，无始无终。何谓天命？何谓无极？何谓至善？朱子归于"仁"。

天地以生物为心者也。而人物之生，又各得夫天地之心以为心者也。故语心之德，虽其总摄贯通，无所不备，然一言以蔽之，则曰仁而已矣。

仁者，人心也。朱熹云："心字，一言以蔽之，曰生而已。天地之大德曰生。人受天地之气而生，故此心必仁。仁则生矣。"(《朱子语类·性理二》)

仁为众善之源，百行之本，"此孔门之教所以必使学者汲汲于求仁也"。

朱熹之"仁"与程颢之"仁"不同。"程子之所诃，以爱之发而名仁者也。吾之所论，以爱之理而名仁者也。"(《仁说》)

仁即天理，永恒不变，至高无上，弥漫宇宙，通贯万物。

宇宙之间，一理而已。天得之而为天，地得之而为地，而凡生于天地之间者，又各得之以为性。其张之为三纲，其纪之为五常，盖皆此理之流行，无所适而不在。(《朱文公文集·读大纪》)

未有天地之先，已先有此理。"万一山河大地都陷了，毕竟理却在这里。"(《朱子语类》卷一)

与"理"相对的是"气"，气化万物。"天地之间，有理有气。理也者，形而上之道也，生物之本也。气也者，形而下之

器也,生物之具也。"(《朱文公文集·答黄道夫》)

与物不同,人有仁义礼智之禀。"以气言之,则知觉运动,人与物若不异也;以理言之,则仁义礼智之禀,岂物之所得而全之哉?此人之性所以无不善,而为万物之灵也。"(《孟子集注》)

在天为理,在物为性,在人为心。心即理,性即理。朱熹说:

盖天者,理之自然而人之所由以生者也;性者,理之全体而人之所得以生者也;心则人之所以主于身而具是理者也。天大无外而性禀其全,故人之本心,其体廓然,亦无限量。(《朱文公文集·尽心说》)

自古圣贤相传,只是理会一个心,心只是一个性,性只是有个仁义礼智。(《孟子集注》)

天理人人本具,但被私欲阻隔,去除私欲,天理自见。朱熹说:

以至千载之前,千载之后,与天地相为终始,只此一心。学者须是革尽人欲,复尽天理,方始是学。(《朱子语类·学七》)

圣人千言万语,只是教人存天理,灭人欲。人性本明,如宝珠沉溷水中，明不可见，去了溷水，则宝珠依旧自明。自家若知得是人欲蔽了，便是明处。只是这上便紧紧着力主定，一面格物，今日格一物，明日格一物，正如游兵攻围拔守，人欲自销铄去。(《朱子语类·学六》)

朱子发扬了程颐"格物致知"之学。格物的目的，在于会通天下之"理"。

"理"有三层含义。第一，天下之物，莫不有理。竹椅有竹椅的理，一草一木，一鸟一兽，事事物物，都含天理。第二，天下物之理，都是同一个"理"，理一而分殊。第三，天理蕴藏于道心之中。通过"格"一具体之物，得一理而贯通天下所有物之理，心之全体大用无所不明矣。

朱熹说：

《大学》是圣门最初用功处，格物又是《大学》最初用功处。然格物是梦觉关，格得来是觉，格不得只是梦。(《朱文公文集·答宋深之》)

"梦觉关"，三字非常关键。"今学者之病，所患在于未有洒然冰解冻释处。纵有力持守，不过只是苟免显然尤悔而已。似此，恐皆不足道也。"(《宋元学案·晦翁学案》)

陆九渊

与朱熹双雄并峙的，是陆九渊。

陆九渊(1139—1193)，号象山，字子静，世人称"存斋先生"。《宋史》记载，陆九渊三四岁时，问其父"天地何所穷际"，父笑而不答，九渊乃日夜苦思冥想。及总角，举止异凡儿，见者敬之。曾对人说："伊川之言，奚为与孔子、孟子之言不类？近见其间多有不是处。"

他日读古书，至"宇宙"二字，注解称"四方上下曰宇，往古来今曰宙"，恍然大悟：

> 宇宙内事乃己分内事，己分内事乃宇宙内事。(《宋元学

案·象山学案》)

宇宙便是吾心，吾心即是宇宙。东海有圣人出焉，此心同也，此理同也。西海有圣人出焉，此心同也，此理同也。……千百世之上至千百世之下，有圣人出焉，此心此理，亦莫不同也。(《象山先生全集·杂说》)

又有《无题》云：

> 仰首攀南斗，翻身依北辰。
> 举头天外望，无我这般人。

陆九渊教学，要人立心阔大，直入圣人境地。他说：

大世界不享，却要占个小蹊小径子；大人不做，却要为小儿态，可惜！(《象山语录》下)

宇宙不曾限隔人，人自限隔宇宙。(《宋元学案·象山学案》)

问学要发明本心。"学者须是打叠田地净洁，然后令他奋发植立。若田地不净洁，则奋发植立不得。古人为学，即读书，然后为学可见。然田地不净洁，亦读书不得；若读书，则是假寇兵，资盗粮。"(《宋元学案·象山学案》)

"心即理"，心中包罗万象。陆九渊说：

万物森然于方寸之间。满心而发，充塞宇宙，无非此理。（《陆象山全集》卷三十四）

天之所以与我者，即此心也。人皆有是心，心皆具是理，心即理也。（《与李宰书》）

此理本天之所与我，非由外铄。明得此理，即是主宰。真能为主，则外物不能移，邪说不能惑。（《与曾宅之书》）

"六经注我，我注六经。"六经与我，一心相通。如能直达心源，则可与往圣心心相印。

陆九渊说：《论语》中多有无头柄的说话，如'知及之，仁不能守之'之类，不知所及所守者何事；如'学而时习之'，不知时习者何事。非学有本领，未易读也。苟学有本领，则知之所及者，及此也；仁之所守者，守此也；时习者，习此也；说者，说此；乐者，乐此。如高屋之上建瓴水矣，学苟知本，六经皆我脚注。"（《陆象山全集·语录选录》）

弟子杨简问："如何是本心？"他以《孟子》作答："恻隐，仁之端也；羞恶，义之端也；辞让，礼之端也；是非，智之端也。此即是本心。"杨简说："简儿时已晓得，毕竟如何是本心。"正好，有二人诉讼，杨简判明是非。陆九渊说："适才断案，是者知其为是，非者知其为非。此即本心。"杨简大悟。

"格物致知"就是"格心"。

心不可泊一事，只自立心，人心本来无事胡乱。彼事物牵去，若是有精神，即时便出便好；若一向去，便坏了。格物者，格此者也。伏羲仰象俯法，亦先于此尽力焉耳。不然，所谓格物，末而已矣。(《宋元学案·象山学案》)

九渊极务实。《与胥必先》云："非明实理、有实事实行之人，往往汩没于文义间，为蛆虫识见以自喜而已。安能任重道远，自立于圣贤之门墙哉？"

九渊心如明镜。不认识的人，相距千里，闻其概而尽得其为人。身边之人，心念微动，便能察知，常使人汗下。他说："念虑之不正者，顷刻而知之，即可以正。念虑之正者，顷刻而失之，即为不正。"(《宋元学案·象山学案》)

朱熹常批评陆九渊之学为禅学，陆九渊批评朱熹教人治学功夫支离繁琐。

淳熙二年（公元1175年）春，吕祖谦邀请朱熹与陆九龄、陆九渊兄弟，至信州鹅湖寺相会。会上，陆九龄先读途中所作诗：

"孩提知爱长知钦，古圣相传只此心。大抵有基方筑室，未闻无址忽成岑。留情传注翻蓁塞，着意精微转陆沉。珍重友朋相切琢，须知至乐在于今。"

才读四句，朱熹便对吕祖谦说："子寿（陆九龄）早已上子静船了也。"

陆九渊却嫌哥哥说得还不够，也和了一首：

"墟墓兴哀宗庙钦，斯人千古不磨心。涓流积至沧溟水，拳石崇成泰华岑。易简工夫终久大，支离事业竟浮沉。欲知自下升高处，真伪先须辨古今。"

三年后，朱熹回奉陆诗云：

"德义风流夙所钦，别离三载更关心。偶扶藜杖出寒谷，又枉篮舆度远岑。旧学商量加邃密，新知培养转深沉。却愁说到无言处，不信人间有古今。"

朱陆二人，一个由内到外，一个自外及内，分歧的只是治学方式，心灵的境界是同一的。黄百家说："陆主乎尊德性，谓'先生乎其大，则反身自得，百川会归矣'；朱主乎道问学，谓'物理既穷，则吾知自致，澌雾消融矣'；二先生之立教不同，然如诏入室者，虽东西异户，及至室中，则一也。"（《宋元学案·象山学案》）

朱熹《复包显道书》云："南渡以来，八字着脚理会实工夫者，惟某与陆子静二人而已。某实敬其为人，老兄未可以轻议之也。"

朱陆之争，相反相对，相辅相成，形成张力，使理学具备了旺盛的生命力。章学诚言："高明沉潜之殊致，譬则寒暑昼夜。知其意者，交相为功。不知其意，交相为厉也。宋儒有朱陆，千古不可合之同异，亦千古不可无之同异。"（《文史通义·朱陆》）

第六编

明清

/ 概 说 /

明借鉴唐宋之优劣，文治武功之政治格局最为完备，而精神活力却趋于消亡。

程朱理学被推上了至尊地位。令学者非五经孔孟之书不读，非濂洛关闽之学不讲。科举考试一概从四书五经中出题，以程朱注疏为准。

王阳明以"心"为宇宙精神之主宰，提出"致良知""知行合一"，突出道德自觉，反对用外在规范来管辖心、禁锢欲。

泰州学派将阳明学深入百姓日用之中，使人的心灵得到了极大的解放。

王学后裔则走向了心学的反面，由心无拘束，变成了心无顾忌，落到了狂禅的境地。以东林党为代表的经世之学，力图矫挽王学末流之弊端。然而，先是李闯王攻破北京，后是清兵入关，明亡了。

顾炎武说："保天下者，匹夫之贱，与有责焉耳矣"，不仅是兴邦之责，更是亡国之责，"士大夫之无耻，是谓国耻"！（《日知录》卷十三）

清初之学术，是明之遗民对儒学的痛定思痛。王夫之依托大易之道，传承张载的关学，以取代程朱理学和陆王心学。

清代的统治者仅对保存中国传统有兴趣，而不希望出现自由的学风。清朝的皇帝对汉人不放心，文字狱更甚于明代。学者们也多不情愿与异族合作，闭门于单纯的学术研究。

清代学术以汉学的考据为主要治学方式，被称为"朴学"或"考据学"，又因其盛于乾隆、嘉庆时期，故被称为"乾嘉学派"。

嘉庆、道光以后，国势日衰，坚冰乍解，经世之学重新兴起。一个是研究《春秋公羊传》的"今文经学"。康有为、梁启超的维新运动，就是以今文经学为理论基础。另一个是曾国藩等以"居敬、穷理、力行、成物"为要，重讲理学。

此时，国门已开，民族存亡成为关键。西方的科技学术滚滚涌入，其影响力远远超过魏晋之际的佛教东传，其势不可阻挡。有康梁变法，有辛亥之革命……

王阳明

黄宗羲说，王阳明大开圣学方便之门，使圣贤人人可致，"自孔孟以来，未有若此深切著明者也"（《明儒学案·姚江学案》）。

王守仁（1472—1529），字伯安，号阳明，世称"阳明先生"。以军功封新建伯，逝后追赠新建侯，谥号"文成"，从祀于孔庙。

王阳明用"良知"二字，将宇宙间无上的精神境界指点出来，不仅读书人，就连普普通通的老百姓，都可以会之于心、见之于行。

一天，街上两人对骂。甲说："尔无天理。"乙说："尔无天理。"甲说:"尔欺心。"乙说:"尔欺心。"王阳明对弟子说:"听一听,他们在讲圣人之学呢!"弟子问:"学什么?骂人?"王阳明说:"难道听不见吗?说天理,说心,不正是讲学吗?"弟子说:"既是讲学,为什么对骂?"王阳明说:"这二位,惟知责诸人,不知及诸己故也。"

"天理""良心",人人都有,人人都知。不过,圣人是用良知要求自己,俗人是用良知衡量别人。圣人之心,时时刻刻都是良知作用;俗人之心,常常被私欲笼盖。

王阳明说:

惟天下至圣,为能聪明睿知。旧看何等玄妙。今看来,原是人人自有的。耳原是聪,目原是明,心思原是睿知。圣人只是一能之尔!能处正是良知。众人不能,只是个不致知。何等明白简易。(《传习录》卷下)

天理与良心是一非二。

心即理也。此心无私欲之蔽,即是天理。不须外面添一分。以此纯乎天理之心,发之事父便是孝,发之事君便是忠,发之交友治民便是信与仁。只在此心去人欲存天理上用功便是。(《传习录》卷上)

宋儒喜欢头上安头,体用为二,知行为二。王阳明提出"知行合一"。

弟子徐爱有疑惑,问:"如今人已知父当孝,兄当悌矣,乃不能孝悌,知与行分明是两事。"王阳明说:"此被私欲隔断耳,非本体也。圣贤教人知行,正是要人复本体。故《大学》指出真知行以示人曰:'如好好色,如恶恶臭。'夫见好色属知,好好色属行。只见色时已是好矣,非见后而始立心去好也。闻恶臭属知,恶恶臭属行;只闻臭时,已是恶矣,非闻后而始立心去恶也。又如称某人知孝,某人知悌,必其人已曾行孝行悌,方可称他知孝知悌。此便是知行之本体。"(《传习录》卷上)

人的良知即天地之"心"。王阳明说:

人的良知,就是草、木、瓦、石的良知。若草、木、瓦、石无人的良知,不可以为草、木、瓦、石矣。岂惟草、木、瓦、石为然?天、地无人的良知,亦不可为天、地矣。盖天、地、万物与人原是一体,其发窍之最精处,是人心一点灵明。风、雨、露、雷,日、月、星、辰,禽、兽、草、木,山、川、土、石,与人原只一体。故五谷禽兽之类皆可以养人,药石之类皆可以疗疾。只为同此一气,故能相通耳。(《传习录》卷下)

王阳明游南镇,一友指岩中花树问:"天下无心外之物。如此花树,在深山中自开自落,于我心亦何相关?"

王阳明说:"你未看此花时,此花与汝心同归于寂。你来看此花时,则此花颜色一时明白起来。便知此花不在你的心外。"(《传习录》卷下)

王阳明对"良知"的感悟,是从大死大生中得来的。十一岁时,尝问塾师:"何为第一等事?"塾师说:"惟读书登第耳。"王阳明疑云:"登第恐未为第一等事,或读书学圣贤耳。"父亲龙山公听了,笑道:"汝欲做圣贤耶?"

王阳明居京师时,遍求朱熹之书读之。对着竹子坐了七天七夜,格物致知,结果大病一场。

正德元年(公元1506年),王阳明反对太监刘瑾弄权,被廷杖四十,由兵部主事谪为贵州龙场驿驿丞。刘瑾派人一路尾随其后。王阳明卷衣抱石投江,骗过刺客,逃过一劫。

龙场万山丛棘,蛇虺魍魉,蛊毒瘴疠。王阳明自计得失荣辱皆能超脱,惟生死一念尚觉未化,乃为石棺自誓:"吾惟俟命而已!"端居澄默。忽中夜大悟,欢呼雀跃,从者皆惊。王阳明终于明白,圣人之道,吾性自足。以默记五经之言证之,莫不吻合。乃作诗云:

> 江日熙熙春睡醒,江云飞尽楚山青。
> 闲观物态皆生意,静悟天机入窅冥。
> 道在险夷随地乐,心忘鱼鸟自流形。
> 未须更觅羲唐事,一曲沧浪击壤听。

自平定宁王之乱,又遭太监陷害,九死一生。王阳明凭借"良知"出生入死,在《与邹守益书》中云:

> 近来信得"致良知"三字,真圣门正法眼藏。往年尚疑未尽,今自多事以来,只此良知无不具足。譬之操舟得舵,平澜浅濑,无不如意。虽遇颠风逆浪,舵柄在手,可免没溺之患矣。

一日，王阳明喟然发叹。九川问："先生何叹也？"王阳明说："此理简易明白若此，乃一经沉埋数百年。"九川云："亦为宋儒从知解上入，认识神为性体，故闻见日益，障道日深耳。今先生拈出良知二字，此古今人人真面目，更复奚疑？"王阳明说："然譬之人有冒别姓坟墓为祖墓者，何以为辨？只得开圹将子孙滴血，真伪无可逃矣。我此'良知'二字，实千古圣圣相传一点滴骨血也。"(《王阳明年谱》)

当时的学人，信奉朱熹的"格物致知"之说。王阳明说，"格物"，就是正心。"格者，正也。正其不正，以归于正也。"(《大学问》)

学生徐爱说："心犹镜也。圣人心如明镜，常人心如昏镜。近世格物之说，如以镜照物，照上用功。不知镜尚昏在，何能照？先生之格物，如磨镜而使之明。磨上用功。明了后亦未尝废照。"(《传习录》卷上)

王阳明说："吾说与晦庵时有不同者，为入门下手处有毫厘千里之分。不得不辩。然吾之心与晦庵之心，未尝异也。"(《传习录》卷上)

王阳明称："以吾良知求晦翁之说，譬之打蛇得七寸！"(《传习录·拾遗》)

王阳明有四句宗旨：

无善无恶是心之体，有善有恶是意之动，知善知恶是良知，为善去恶是格物。(《明儒学案·姚江学案》)

第六编　明　清

王阳明说:"此是彻上彻下语,自初学以至圣人,只此功夫。初学用此,循循有入,虽至圣人,穷究无尽。尧、舜精一功夫,亦只如此。"(《王阳明年谱》)

禅师传心,不予说破,令学者自悟,可惜阳明说破了。他说:

某于此良知之说,从百死千难中得来,不得已与人一口说尽。只恐学者得之容易,把作一种光景玩弄,不实落用功,负此知耳。(《王阳明年谱》)

王 艮

阳明心学风行天下，其中最为著名的是王艮的"泰州学派"。王艮言"百姓日用是道"，将心学推向千家万户。

王艮（1483—1541），原名王银，扬州府泰州安丰场人。家贫，随父兄贩盐。二十五岁时，客山东，谒孔庙，叹曰："夫子亦人也，我亦人也。"立必为圣贤之志。归而学《孝经》《论语》《大学》，置其书袖中，逢人质义。久而信口谈解，如或启之。道有所未悟，则默坐静思，夜以继日。一夕，梦天坠，万人奔号，独奋臂托天起，又见日月列宿失次，手自整布如故，万人欢舞拜谢。醒则汗溢如雨，顿觉心体洞彻。而万物一体、宇宙在我之念益切，因题其壁曰："正德六年间，居仁三月半。"

正德十五年（公元 1520 年），王阳明在豫章讲良知之学。王银衣古冠服，执木简，以二诗为贽，请见。王阳明早有耳闻，降阶相迎。王银毫不谦虚，由中甬而入，直接上座。几番问答，王银色动，自降座位，越坐越下。又论致知格物，王银悟曰："吾人之学，饰情抗节，矫诸外；先生之学，精深极微，得之心者也。"遂执弟子礼。王阳明也语门人曰："吾擒宸濠，一无所动，今却为斯人动矣。此真学圣人者。"（《明儒学案·泰州学案》）

王阳明易其名为"艮"，希望他当行则行，当止则止，化惊世骇俗之举而为平常心。

王艮说："圣人之道，无异于百姓日用。凡有异者，皆谓之异端。"（《明儒学案·泰州学案》）即事是学，即事是道，愚夫愚妇能知能行。"天理者，天然自有之理也。良知者，不虑而知，不学而能者也。"（《心斋先生学谱》）

圣人就是百姓，百姓就是圣人。"尧舜与途人一，圣人与凡人一"，"便做了尧舜事业，此至简至易之道，视天下如家常事，随时随处无歇手地"。（《王心斋先生遗集·语录》）

王艮为著名的"布衣学者"，"入山林求会隐逸，过市井启发愚蒙，沿途聚讲，直抵京师"，门徒大都是平民百姓。

王艮自创"淮南格物"学说。他说："《大学》乃孔门经理万世的一部完书，吃紧处只在止于至善，格物却正是止至善。"

(《王心斋语录》卷下)此为"孔子精神命脉"。

王阳明哲学的核心是"心",王艮则是"身"。

王艮之"身",乃止于至善之身,知行合一之身。

止至善者,安身也。安身者,立天下之大本也。……故《易》曰:身安,而天下国家可保也。(《明儒学案·泰州学案》)

"虚明之至,无物不覆","反求诸身","把柄在手"。合观此数语,便是宇宙在我,万化生身矣。(《王心斋语录》卷上)

道就是身,格物就是格身。王艮说:

身与道原是一件,至尊者此道,至尊者此身。尊身不尊道不谓之尊身,尊道不尊身不谓之尊道。须道尊身尊,才是"至善"。故曰:"天下有道,以道殉身;天下无道,以身殉道。"必不以道殉乎人。(《明儒学案·泰州学案》)

王艮写《明哲保身论》。明哲者,良知也。"知保身者,则必爱身如宝。能爱身,则不敢不爱人","吾身保,然后能保一国矣。以之平天下,则能爱天下矣"。明哲保身,忠恕之道,仁者万物一体之道也。"故孔子曰:敬身为大。孟子曰:守身为大。曾子启手启足,皆此意也!"

王艮自称所学的是"总经"。"经传之间,印证吾心而已矣"(《王心斋先生遗集·语录》)。

王艮读经读出了快乐的境界。"天下之学,惟有圣人之学好学。不费些子气力,有无边快乐。若费些子气力,便不是圣人之学,便不乐。'不亦说乎'!'说'是心之本体。"(《王心斋语录》卷上)

王艮曾作《鳅鳝赋》,言缸中之鳝,奄奄然若死之状。忽见一鳅从中而出,如同神龙,周流不息,变动不居,鳝乃复有生机,精神同归于长江大海矣。

李 贽

李贽横空出世，如西方的尼采，重估一切价值。

李贽（1527—1602）号卓吾，又号笃吾，泉州晋江人。先世从事航海活动，有伊斯兰血统。

李贽生性倔强难化，"不信道，不信仙、释，故见道人则恶，见僧则恶，见道学先生则尤恶"。年甫四十，接触到王阳明的学说，"五载春官，潜心道妙"，"乃知得道真人不死，实与真佛真仙同，虽倔强，不得不信之矣"。（《阳明先生年谱后语》）后拜见王阳明弟子王畿以及泰州学派的罗汝芳，师事王艮的儿子王襞。

李贽的代表作为《焚书》《续焚书》《藏书》《续藏书》，

"好为惊世骇俗之论，务反宋儒道学之说"（沈瓒《近事丛残》卷一）。

李贽说，所谓的"德性"，遍在世界，贯通古今，人人同具，原并不分圣人凡人。"人但率性而为，勿以过高视圣人之为可也。尧、舜与途人一，圣人与凡人一。"

李贽说："圣人亦人耳，既不能高飞远举，弃人间世，则自不能不衣不食，绝粒衣草而自逃荒野也。故虽圣人不能无势利之心。"（《明灯道古录》）如伯夷就养西伯，韩信寄食漂母，陈平门多长者之车，说明这些都是为了势利。

趋利避害，人人同心。在李贽看来，世间的一切治生、产业等事，才是真正的"道"："作生意者，但说生意；力田作者，但说力田。凿凿有味，真有德之言，令人听之忘厌倦矣。"（《答耿司寇》）

对言必曰"圣人"者，李贽讽刺为"所谓矮子观场，随人说妍，和声而已"（《续焚书》）。

"千万世之儒皆为妇人矣，可不悲乎？"（《藏书·世纪列传总目后论》）在大头巾的掩盖下，阳为道学，阴为富贵，被服儒雅，行若狗彘。"嗟乎！平居无事，只解打恭作揖，终日匡坐，同于泥塑，以为杂念不起，便是真实大圣大贤人矣。其稍学奸诈者，又搀入良知讲席，以阴博高官。一旦有警，则面面相觑，绝无人色，甚至互相推诿，以为能明哲。盖因国家专用此等辈，故临时无人可用。"（《焚书·因忆往事》）

所谓经典均不可信。李贽说："夫六经、语、孟，非其史官过为褒崇之词,则其臣子极为赞美之语。又不然,则其迂阔门徒,懵懂弟子,记忆师说,有头无尾,得后遗前,随其所见,笔之于书。后学不察,便为出自圣人之口也,决定目之为'经'矣。孰知其大半非圣人之言乎?纵出自圣人,要亦有为而发,不过因病发药,随时处方,以救此一等懵懂弟子、迂阔门徒云耳。药医假病,方难定执,是岂可遽以为万世之至论乎?然则六经、语、孟,乃道学之口实,假人之渊薮也,断断乎其不可以语于'童心'之言明矣。"(《童心说》)

李贽之"童心",与王阳明的"良知"、禅宗的"本心"一脉相通。(《童心说》)云:

夫童心者,真心也。若以童心为不可,是以真心为不可也。夫童心者,绝假纯真,最初一念之本心也。

夫大人之学,其道安在乎?盖人人各具有是大圆镜智,所谓我之明德是也。是明德也,上与天同,下与地同,中与千圣万贤同,彼无加而我无损者也。

若失却童心,便失却真心;失却真心,便失却真人。人而非真,全不复有初矣。童子者,人之初也;童心者,心之初也。

李贽说:"天下之至文,未有不出于童心焉者也。"《西厢记》《水浒传》皆古今至文。他说鲁智深率性而行,是"成佛作祖根基";赞李逵是活佛,"凡言词修饰,礼数娴熟的心肝,倒

是强盗。如李大哥,虽是卤莽,不知礼数,却是情真意实,生死可托"。(《童心说》)

李贽称诸子百家原是平等,"各各有一定之学术,各各有必至之事功"(《焚书·读史》)。他把秦始皇称为"千古一帝";称拓跋魏的孝文帝为"圣主";又称蒙古人建立的元朝为"华夷一统"。又称许寡妇卓文君的"私奔"不是"失身",而是"获身",是合于人类"自然之性"的行为。

道学家们视李贽若洪水猛兽。政府下令:"李贽敢倡乱道,惑世诬民,便令厂卫五城严拿治罪。其书籍已刊未刊者,令所在官司,尽搜烧毁,不许存留。如有党徒曲庇私藏,该科及各有司访参奏来,并治罪。"(《明实录》卷三百六十九)

万历三十年,七十六岁的李贽在狱中自杀。

王夫之

"六经责我开生面，七尺从天乞活埋。"（王夫之《自题画像联》）

王夫之是理学的最后一位大师。他以雄健的大易之道为基，继承发扬了张载以"气"为本的实学，与程朱理学、陆王心学鼎足而三。

王夫之（1619—1692），字而农，号姜斋，又号夕堂，湖南衡阳人。明亡后不剃发，不易服，不为黄冠，不入空门，以汉族衣冠终其身。晚年隐居湘西石船山，世称"船山先生"。

王夫之清除了掺入儒学中的佛、道二家的"杂质"，认为这是儒学衰亡的直接原因。

他嘲笑佛禅以"空"为本、老庄以"无"为本是荒诞不经的。"病则喜寂，哀则喜憖。"谈空主静实是一种阴盛阳衰的病态。"喜流于阴柔，而以呴沫为仁，以空阒为静者，皆女子小人之道也。"（《思问录·内篇》）

他批判王阳明阳儒阴释，其后学"而以充其无善无恶、圆融理事之狂妄，流害以相激而相成"。《思问录》云："今之学者，姚江之徒，速期一悟之获；幸而获其所获，遂恣以佚乐。佚乐之流，报以陁脆惰归之戚；老未至而耄及之，其能免乎？"

他批判程朱之理学，理气两分，本末倒置。《周易外传》云："天下唯器而已矣。道者器之道，器者不可谓之道之器也。"有父子才有父子之道，有车马才有车马之道，无器则无道也。他将千年来占主流的形而上学反了过来。

宇宙的本体不是"空"，不是"无"，不是抽象的"理"，也不是一瞥之慧的"心"，而是充满太虚、氤氲太和、神化万物的"气"。《正蒙注》："天无体，太和氤氲之气，为万物所资始，屈伸变化，无迹而不可测，万物之神所资也。"

宇宙混沦一体。无极者，无有一极也，无有不极也。无有不极，乃谓太极。王夫之进而言，无极不仅包含宇宙万物，并且贯通人性人心。"天曰无极，人曰至善，通天人曰诚，合体用曰中。"（《思问录·内篇》）

所谓太极生阴阳，不是"父子"关系，而是太极就是阴阳，"阴阳，无始者也，太极非孤立于阴阳之上者也"（《周易内传》）。

阴阳一体。《周易内传》云："阴阳二气氤氲于宇宙，融结于万汇，不相离，不相胜。无'有阳而无阴、有阴而无阳'，无'有地而无天、有天而无地'。"

动静一如。《思问录》云："太极动而生阳，动之动也；静而生阴，动之静也。废然无动而静，阴恶从生哉！一动一静，阖辟之谓也。由阖而辟，由辟而阖，皆动也。废然之静，则是息矣。'至诚无息'，况天地乎！'维天之命，于穆不已'，何静之有？"

宇宙是一个广大和谐的整体。《正蒙注》云：

太和，和之至也。道者，天地人物之通理，即所谓太极也。阴阳异撰，而其氤氲于太虚之中，合同而不相悖害，浑沦无间，和之至矣。未有形器之先，本无不和，既有形器之后，其和不失，故曰太和。

无极、太极、太虚、太和、阴阳，都是指无始无终的宇宙整体，都不过是一种譬喻的赞辞，目的是喻之而后可与知道，可与见德，让人修养止于至善的精神境界。

王夫之的宇宙，是贯通天人、心物一元的精神实体。《思问录》云："太虚，一实者也，故曰：'诚者，天之道也'。用者，皆其体也，故曰：'诚之者，人之道也'。"

王夫之将宇宙精神实体的本然状态形象地描述为"宵色""天之本色"。《思问录》云："天之本色，一无色也。无色，无质、无象、无数，是以谓之清也，虚也，一也，大也，为理之所自出而已矣。"虽然为清、为虚，却有理、有神，万物皆自此出，所以说是一、是大，绝非空洞无物。

太虚氤氲，运动不已，生生不息，日新之谓盛德。《思问录》云："天地之德不易，而天地之化日新。今日之风雷，非昨日之风雷，是以知今日之日月，非昨日之日月也。"

"清虚一大"聚而为宇宙万物，宇宙万物散而为"清虚一大"。"鬼神"，鬼者，归也，指万物之回归；神者，伸也，万物之创生。

神，就是万物日新的生命力。化生万物的过程，物循之而为"则"，人视之而名为"道"。

此宇宙精神实体不仅化物，同样化人，变化人之心性。《正蒙注》云："秉太虚和气健顺相涵之实，而合五行之秀，以成乎人之秉彝，此人之所以有性也。原于天而顺乎道，凝于形气，而五常百行之理无不可知，无不可能，于此言之则谓之性。"人之为人，在于心性灵明。

王夫之之"心"，为身之主脑，不能离开身体而独为灵明。《尚书引义》云：

> 一人之身，居要者心也。而心之神明，散寄于五藏，待感于五官。肝脾肺肾，魂魄志思之藏也。一藏失理，而心之灵已损矣。无目而心不辨色，无耳而心不知声，无手足而心无能指使。一官失用，而心之灵已废矣。

人之心，感通外物，心物合一，"心无非物也，物无非心也"。《正蒙注》云:"形也,神也,物也,三相遇而知觉乃发。故由性生知,以知知性,交涵于聚而有间之中,统于一心,由此言之则谓之心。"

"见,实证之于心也。"对于"道",王夫之重"实证",也讲"顿悟"。不过,他所顿悟的人的"本来面目",不是禅家的"空性",而是天地化育万物之德。

世间万物都是天地化生、阴阳相合而成,纯善无恶。《读四书大全说》云:"人欲之各得,即天理之大同。天理之大同,无人欲之或异。"

人欲就是天理。

但是,不能听命于欲望,徇物丧己,迷失天理。

如何净尽私欲?不能存天理而灭人欲,也不能单靠所谓的"明心见性",应如孟子所言,"养我浩然之气"。《正蒙注》云:

惟存神以尽性,则与太虚通为一体,生不失其常,死可适得其体,而妖孽、灾眚、奸回、浊乱之气不留滞于两间,斯尧、舜、周、孔之所以万年。

乾嘉学派

清之朴学，肇端于顾炎武。

顾炎武（1613—1682），苏州人。以填海的精卫自拟，毕生致力于反清复明："万事有不平，尔何空自苦，长将一寸身，衔木到终古。我愿平东海，身沉心不改，大海无平期，我心无绝时。呜呼！君不见，西山衔木众鸟多，鹊来燕去自成窠。"（顾炎武《精卫·万事有不平》）

他累拒仕清，致力于经学、史地学和音韵学研究，与黄宗羲、王夫之并称为明末清初"三大儒"。

顾炎武主张以"修己治人之实学"，代"明心见性之空言"。治经复汉，稽古明道，以"明学术，正人心，拨乱世，以兴太

平之事"。(《日知录自序》)

之后的朴学家，遗其大而传其小，沉溺于故纸堆中，放弃了顾炎武经世致用的本意。

阎若璩（1636—1704），字百诗，自号潜邱。少年立志，曾将"一物不知，以为深耻；遭人而问，少有宁日"题于柱上。访傅山，结识顾炎武。晚年以清世宗召，至京而卒。

阎若璩常说："读书不寻源头，虽得之，殊可危。"他读书时，"每于无字句处精思独得"，"手一书，至检数十书相证，侍侧者头目皆眩，而府君精神涌溢，眼烂如电。一义未析，反复穷思。饥不食，渴不饮，寒不衣，热不扇，必得其解而后止"。(《先府君行述》)

阎若璩二十岁时读《尚书》，即疑其中有伪，沉潜三十余年，作《尚书古文疏证》八卷。

阎若璩运用本证、旁证、实证、虚证、理证的考据方法，从篇数、篇名、典章制度、历法、文字句读、地理沿革和古今行文异同等多方面考证，得出东晋以来所流传的《尚书》五十九篇中，古文及孔安国《尚书传》是后世伪作的定论。黄宗羲看后，大加赞赏说："一生疑团，见此尽破矣！"江藩《汉学师承记》推阎若璩为清代汉学家第一。

乾嘉学派以"吴派"和"皖派"影响最大。

吴派的学风是"唯汉是信"，遵循汉代经学研究，重视名物训诂、典章制度的传统。主要学者有惠栋、沈彤、江声、余萧客、江藩、王鸣盛等。

惠栋（1697—1758），字定宇，号松崖，江苏吴县人，祖周惕，父士奇，皆治《易》学，三世传经，学者称老红豆先生、红豆先生、小红豆先生。惠栋精研三十年，引申触类，贯通其旨，乃撰《周易述》。钱大昕说："汉学之绝者千有五百余年，至是而粲然复章矣。"（《惠先生栋传》）

皖派以戴震为首，其后学以段玉裁和王念孙、王引之父子最为有名。

戴震（1724—1777）的治学宗旨是"实事求是"。十岁读《大学章句》，问私塾老师说："此何以知其为'孔子之言而曾子述之'？又何以知其为'曾子之意而门人记之'？"师应之曰："此朱文公所说。"戴震说，周朝离宋朝有两千年之遥，为什么朱子能知道这些事呢？

戴震治学，"始乎离词，中乎辨言，终乎闻道"（《戴震集》卷十一），义理、考据、文章，缺一不可。"经之至者，道也。所以明道者，辞也。所以成辞者，字也。必由字以通其辞，由辞以通其道，乃可得之。"（《戴东原先生传》）他批评宋儒："讥训诂之学，轻语言文字，是犹渡江河而弃舟楫，欲登高而无阶梯也。"（《戴东原先生年谱》）

借助对《孟子》的字义疏证，戴震要回归纯正的儒家思想。

戴震说，"六经、孔孟之言以及传记群籍，理字不多见"，并且，"古人所谓天理，未有如后儒之所谓天理者矣"。（《孟子字义疏证》）

"《诗》曰：'天生烝民，有物有则；民之秉彝，好是懿德。'

孔子曰：'作此诗者，其知道乎！'孟子申之曰：'故有物必有则，民之秉彝也，故好是懿德。'以秉持为经常曰则，以各如其区分曰理，以实之于言行曰懿德。物者，事也；语其事，不出乎日用饮食而已矣；舍是而言理，非古贤圣所谓理也。"（《孟子字义疏证》）

宇宙生命及其变化的源头是"仁"。"仁"是"生生者"，"变化之流"是"生生之条理者"，即"理"。人性源于天道；天道固无不善，人性自然亦无不善。

"民之质矣，日用饮食，自古及今，以为道之经也。"心之于理义，血气之于嗜欲，皆天性使然。"耳鼻口之官，臣道也；心之官，君道也；臣效其能而君正其可否。理义非他，可否之而当，是谓理义。"（《孟子字义疏证》）

人欲既不可怕，也不邪恶。"人生而有欲、有情、有知，三者，血气心知之自然也。惟有欲有情而又有知，然后欲得遂也，情得达也。"欲、情、知是天赋的人性，三者条畅通达，才是人生的理想状态。(《孟子字义疏证》)

仁，就是满足生命的需求。"孟子言'养心莫善于寡欲'，明乎欲不可无也，寡之而已。人之生也，莫病于无以遂其生。欲遂其生，亦遂人之生，仁也。"（《孟子字义疏证》）

圣人治理天下，就要让人民过上幸福生活。"孟子告齐、梁之君，曰'与民同乐'，曰'省刑罚，薄税敛'，曰'必使仰足以事父母，俯足以畜妻子'，曰'居者有积仓，行者有裹粮'，曰'内无怨女，外无旷夫'。仁政如是，王道如是而已矣。"

第六编　明　清

(《孟子字义疏证》)

宋儒受到释、老的影响，视生命为虚妄，而以空洞的"理"为真实。戴震说，程朱之"理"，实为"残杀之具"，"尊者以理责卑，长者以理责幼，贵者以理责贱，虽失，谓之顺；卑者、幼者、贱者以理争之，虽得，谓之逆。于是下之人不能以天下之同情、天下所同欲达之于上；上以理责其下，而在下之罪，人人不胜指数。人死于法，犹有怜之者；死于理，其谁怜之？呜呼，杂乎老、释之言以为言，其祸甚于申、韩如是也"。(《孟子字义疏证》)

章学诚说戴震："于天人理气，实有发前人之所未发者。时人则谓空说义理，可以无作，是固不知戴学者矣。"(《文史通义·书朱陆篇后》)

章学诚（1738—1801），字实斋，号少岩，浙江会稽人，是一位杰出的史学家。代表作是历时二十九年写成的《文史通义》。

章学诚说："六经皆史也。古人不著书，古人未尝离事而言理，六经皆先王之政典也。"(《文史通义·易教》)

包括《易经》，出现在文字之前，"悬象设教，与治历授时，天道也"，"其教盖出政教典章之先矣"，"其道盖包政教典章之所不及矣"。(《文史通义·易教》)

总之，"《礼》《乐》《诗》《书》，与刑、政、教、令，人事也。天与人参，王者治世之大权也"(《文史通义·易教》)。

"道之大，原出于天。"所谓"天"者，乃宇宙自然之运行

轨迹也。"道者，万事万物之所以然，而非万事万物之当然也。"（《文史通义·原道》）

天地生人，继之者善，成之者性。人生有道，人不自知。三人居室，必有分工。"或各司其事，或番易其班，所谓不得不然之势也，而均平秩序之义出矣。又恐交委而互争焉，则必推年之长者持其平，亦不得不然之势也，而长幼尊尊之别形矣。"（《文史通义·原道》）

"仁义忠孝之名，刑政礼乐之制，皆其不得已而后起者也。"（《文史通义·原道》）

圣人根据社会所需，因势利导，典章法规，渐臻完善。"人之初生，至于什伍千百，以及作君作师，分州画野，盖必有所需而后从而给之，有所郁而后从而宣之，有所弊而后从而救之。羲、农、轩、颛之制作，初意不过如是尔。法积美备，至唐、虞而尽善焉，殷因夏监，至成周而无憾焉。譬如滥觞积而渐为江河，培塿积而至于山岳，亦其理势之自然；而非尧、舜之圣，过乎羲、轩，文、武之神，胜于禹、汤也。后圣法前圣，非法前圣也，法其道之渐形而渐著者也。"（《文史通义·原道》）

六经皆器，经典就是治典。"古之所谓经，乃三代盛时，典章法度，见于政教行事之实，而非圣人有意作为文字以传后世也。"（《文史通义·经解》）

后世之文体，皆六经之流变。"自古圣王以礼乐治天下，三代文质，出于一也。世之盛也，典章存于官守，礼之质也；情志和于声诗，乐之文也。迨其衰也，典章散，而诸子以术鸣。

第六编 明 清

故专门治术，皆为官礼之变也。情志荡，而处士以横议，故百家驰说，皆为声诗之变也。"（《文史通义·诗教》）

宋儒之弊，在离器言道。"宋儒起而争之，以谓是皆溺于器而不知道也。夫溺于器而不知道者，亦即器而示之以道，斯可矣。而其弊也，则欲使人舍器而言道"；"顾经师互诋，文人相轻，而性理诸儒，又有朱、陆之同异，从朱从陆者之交攻，而言学问与文章者，又逐风气而不悟，庄生所谓'百家往而不反，必不合矣'，悲夫"！（《文史通义·原道》）

写史读史，其目的为扶持世教，匡正人心。"学诚读书著文，耻为无实空言，所述《通义》，虽以文史标题，而于世教民彝，人心风俗，未尝不三致意，往往推演古今，窃附诗人之义焉。"（《上尹楚珍阁学书》）

为史者，必须才、学、识具备。"才、学、识三者，得一不易，而兼三尤难，千古多文人而少良史，职是故也。"（《文史通义·史德》）

"能具史识者，必知史德。德者何？谓著书者之心术也。"

心术者，不仅仅是君子之心，而且要涵养出纯粹的"君子之心"。

是尧舜而非桀纣，人人能言；崇王道而斥霸功，人人皆知。"至于善善而恶恶，褒正而嫉邪，凡欲文辞以不朽者，莫不有是心也。"然而，人人都有血气偏见。"其中默运潜移，似公而实逞于私，似天而实蔽于人，发为文辞，至于害义而违道，其人犹不自知也。故曰：'心术不可不慎也。'"（《文史通义·史德》）

唯有夫子之《春秋》，乃以纯粹而至明至公之心为之。"章子曰：'史之大原，本乎《春秋》。'《春秋》之义，昭乎笔削。笔削之义，不仅事具始末，文成规矩已也。以夫子'义则窃取'之旨观之，固将纲纪天下，推明大道。所以通古今之变，而成一家之言者，必有详人之所略，异人之所同，重人之所轻，而忽人之所谨，绳墨之所不可得而拘，类例之所不可得而泥，而后微茫杪忽之际，有以独断于一心。及其书之成也，自然可以参天地而质鬼神，契前修而俟后圣，此家学之所以可贵也。"（《文史通义·答客问》）

/ 曾国藩 /

清代重朴学而不废理学。清之理学,轻空言,重力行。至晚清,乃有曾国藩等"齐家治国平天下"之功业。

曾国藩(1811—1872),字涤生,湖南长沙人。道光十八年(公元1838年)进士。

咸丰年间,广西落第秀才洪秀全受基督教影响,创立"拜上帝教",反清起事,建号"太平天国"。清军腐败透顶,不堪一击。曾国藩因母丧在家,发表《讨粤匪檄》,召募乡勇,组织湘军。

檄文中说:"举中国数千年礼义人伦诗书典则,一旦扫地荡尽。此岂独我大清之奇变,乃开辟以来名教之奇变,我孔子、孟子之所痛哭于九泉"，号召"凡读书识字者，又乌可袖手安坐，不思一为之所也"。

曾国藩占领了道德制高点，迅速得到了乡绅士大夫们的响应。

曾国藩以忠诚倡天下。"君子之道，莫大乎以忠诚为天下倡。世之乱也，上下纵于亡等之欲，奸伪相吞，变诈相角，自图其安而予人以至危，畏难避害，曾不肯捐丝粟之力以拯天下。得忠诚者起而矫之，克己而爱人，去伪而崇拙，躬履诸艰，而不责人以同患，浩然捐生，如远游之还乡，而无所顾悸，由是众人效其所为，亦皆以苟活为羞，以避事为耻。呜呼！吾乡数君子所以鼓舞群伦，历九载而戡大乱，非拙且诚者之效欤！"（《治心经》）

曾国藩选将，以德为首，概括为"忠义血性"。"忠义血性"之人则要从儒生士子中选拔，"第一要才堪治民，第二要不怕死，第三要不计名利，第四要耐受辛苦"。（《曾胡治兵语录·论将才》）

曾国藩治军之道，"以仁存心，以礼存心"，于"无形无声"之中"辨等明威"。尝言："臣昔于诸将来谒，无不立时接见，谆谆训诲，上劝忠勤以报国，下戒骚扰以保民，别后则寄书告诫，颇有师弟督课之象。其于银米子药搬运远近，亦必计算时日，妥为代谋，从不诳以虚语。各将士谅其苦衷，颇有家人父子之情。"（《曾文正公全集·奏稿》）

曾国藩对清帝国忠心耿耿，一生忍辱负重，进退有止。"好汉打脱牙，和血吞。此二语是余生平咬牙立志之诀。余庚戌、辛亥间，为京师权贵所唾骂。癸丑甲寅，为长沙所唾骂。乙卯丙辰，为江西所唾骂，以及岳州之败，靖港之败，湖口之败，盖打脱牙之时多矣！无一次不和血吞之。"(《曾国藩文集·书信二》)

梁启超说："吾以为使曾文正公而犹壮年，则中国必由其手而获救矣！彼惟以天性之极纯厚也，故虽行破坏焉可也；惟以修行之极严谨也，故虽用权变焉可也。彼其事业之成，有所以自养者在也。彼其能率厉群贤，以共图事业之成，有所以孚于人且善导人也。"(《新民说·私德》)

曾国藩眼界开阔且有远见。学习西方技术，制造枪炮轮船。创立译书局，翻译科学书籍。派遣年青学子到国外留学，包括他的儿子曾纪泽。

/ **康有为** /

中国进入现代化，大致有三步：一是以曾国藩、李鸿章为代表的洋务运动，主张中体西用；二是以康有为、梁启超为代表的维新变法，主张君主立宪；三是孙中山的革命时期，主张民主共和。康、梁等既是儒家的维护者，又是儒家的掘墓人。

康有为(1858—1927)，字广厦，号长素，广东南海人，故世称"康南海"。

康有为游历香港，心思为之一变，"乃始知西人治国有法度，不得以古旧之夷狄视之"(《康南海自编年谱》)，用力钻研解读西书，学识日新大进。

1888年，康有为借进京应试之机，上书光绪，提出变法主张，被斥为狂生。回到广州，拜晤今文经学家廖平，"乃尽弃其旧说"，由尊崇周公、笃信《周礼》变为服尚《公羊》、尊信孔子，完成了《新学伪经考》。

《新学伪经考》称东汉以来习传千载的古文经，乃是刘歆出于佐莽篡汉的政治需要而造作伪经。两千年来，二十个朝代，神圣的王者礼乐制度，所奉的圣法原来是伪经！

甲午惨败后，康有为参与了公车上书，组织强学会，并于1897年完成了《孔子改制考》。

《孔子改制考》称，六经以前，无复书记。春秋战国之时，诸子百家为了救世济民，纷纷创立教义，无不托古创制，"或为神农之言，或多称黄帝，或法夏，或法周，或称三代"。其中孔子托古而创立儒教，提出了尧、舜、禹、汤、文、武前后承接的政教礼法，又创作《诗》《书》《易》《礼》《乐》《春秋》六经。其中尤以《春秋》"继周"，改周之制，拨转乱世使至于太平。"孔子之圣意，改制之大义，《公羊》所传微言之第一义也。"康有为特别指出，孔子以布衣身份出而改革周制，"本天论，因人情，顺时变，裁自圣心"，所以天下归心，成为万世救主。

康有为进一步推衍发挥，将据乱世、升平世、太平世附会成君主专制时代、君主立宪时代、民主共和时代。"人类进化，皆有定位，自族制而部落，而成国家，而成大统；由独人而渐立酋长，由酋长而渐正君臣；由君主而渐至立宪，由立宪而渐为共和。"（《论语注》卷二）

康有为把信而好古、述而不作的圣人，重塑为救时拯民、维新变法的教主。所谓的圣王，所谓的"三代文教之盛"，都是出自孔子的假造。历代尊奉的正统儒学，被全盘否定。清学正统派之立脚点，根本动摇。梁启超说，恰如一场大地震，大飓风，火山大喷发！

五四运动的伏笔，在康有为这里已经埋下了。

对于世界的未来，康有为也有他的"理想国"——"大同世界"。他说："吾既闻道，既定'大同'，可以死矣！"

《大同书》提出：一去国界，消灭国家；二去级界，消灭等级；三去种界，同化人种；四去形界，解放妇女；五去家界，消灭家庭；六去产界，消灭私有制；七去乱界，取消各级行政区划，按经纬度分度自治，全球设大同公政府；八去类界，众生平等；九去苦界，臻于极乐。

九界既去，世界大同。大同之世，天下为公，无有阶级，一切平等，没有战争，没有痛苦，只有普遍的永恒的幸福。

跋

一位哲学家讲《理想国》。学生问:"老师,'理想国'存在吗?"哲学家说:"当然不存在。"学生又问:"为什么还要痴人说梦?"

"你不觉得人类社会是在一步一步向柏拉图的'理想国'迈进吗?"

一部国学史,可用"天理良心,内圣外王"八个字来概括。修炼内在心性,约束外在行为,所谓"士希贤,贤希圣,圣希天",成就个人人格,"学而优"方可"仕","内圣"才能"外王",其目的是建立"大道之行也,天下为公"的大同社会。无论是康有为的"大同世界"、孙中山的"建国方略",还是共产主义理想,其初心与对上古"圣人之治"的渴求一脉相承。

中华文明之所以五千年不堕，正是基于此。

中华文明之所以具有博大的包容性，也正是基于此。

中华文明与其他优秀文明，碰撞交融，和谐共进，圆融无碍，历史长河浩浩荡荡，不舍昼夜。

参考文献

1. 《周易正义》，[魏]王弼，[晋]韩康伯注，[唐]孔颖达疏，郑同整理，九州出版社，2020年8月。
2. 《周易本义》，[宋]朱熹撰，中华书局，2009年11月。
3. 《周易程氏传》，[宋]程颐撰，中华书局，2011年5月。
4. 《东坡易传》，[宋]苏轼著，中国书店，2018年8月。
5. 《周易集注》，[明]来知德撰，中华书局，2019年9月。
6. 《周易时论合编》，[明]方孔炤、方以智撰，中华书局，2019年6月。
7. 《田间易学》，[清]钱澄之撰，黄山书社，2014年9月。
8. 《周易折中》，[清]李光地撰，九州出版社，2002年9月。
9. 《易学三书》，[清]焦循撰，九州出版社，2003年12月。

10. 《尚书正义》，[汉]孔安国传，[唐]孔颖达正义，上海古籍出版社，2007年12月。

11. 《毛诗传笺》，[汉]毛亨传，[汉]郑玄笺，[唐]陆德明音义，中华书局，2018年11月。

12. 《诗集传》，[宋]朱熹集撰，中华书局，2017年1月。

13. 《诗经原始》，[清]方玉润撰，中华书局，1986年2月。

14. 《魏源全集》，[清]魏源著，岳麓书社，2005年1月。

15. 《诗三家义集疏》，[清]王先谦撰，中华书局，1987年2月。

16. 《毛诗传笺通释》，[清]马端辰撰，中华书局，1989年3月。

17. 《公羊义疏》，[清]陈立撰，中华书局，2017年11月。

18. 《春秋正辞 春秋公羊经传通义》[清]庄存与、孔广森撰，上海古籍出版社，2014年12月。

19. 《春秋公羊礼疏》（外五种），[清]凌曙等撰，上海古籍出版社，2015年8月。

20. 《穀梁古义疏》，[清]廖平撰，中华书局，2012年6月。

21. 《春秋左传正义》，[周]左丘明传，[晋]杜预注，[唐]孔颖达正义，北京大学出版社，1999年12月。

22. 《春秋左传补疏 春秋左氏传补注》，[清]焦循、沈钦韩撰，上海古籍出版社，2016年3月。

23. 《论语正义》，[汉]郑玄注，[清]刘宝楠注，上海书店，1986年7月。

24. 《四书集注》，[宋]朱熹集注，岳麓书社，1987年6月。

25. 《四书遇》，[明]张岱著，浙江古籍出版社，2014年3月。

26.《论语辑释》,陈大齐著,华夏出版社,2010年1月。

27.《老子道德经》,[魏]王弼注,上海书店,1986年7月。

28.《老子解》,[宋]苏辙著,《钦定四库全书》,子部十四。

29.《老子道德经解》,[明]憨山著,崇文书局,2015年9月。

30.《墨子闲诂》,[清]孙诒让校注,浙江大学出版社,2017年11月。

31.《十家论墨》,蔡尚思编,上海人民出版社,2004年2月。

32.《孟子正义》,[清]焦循撰,中华书局,2017年6月。

33.《孟子直解》,徐洪兴撰,复旦大学出版社,2004年1月。

34.《庄子注疏》,[晋]郭象注,[唐]成玄英疏,中华书局,2011年1月。

35.《南华真经义海纂微》,[南宋]褚伯秀撰,中华书局,2018年7月。

36.《药地炮庄》,[明]方以智著,华夏出版社,2011年9月。

37.《庄屈合诂》,[清]钱澄之撰,黄山书社,2014年9月。

38.《庄子集释》,[清]郭庆藩辑,《诸子集成》(3),上海书店,1986年7月。

39.《庄子集解》,[清]王先谦注,《诸子集成》(3),上海书店,1986年7月。

40.《南华雪心编》,[清]刘凤苞撰,中华书局,2013年1月。

41.《荀子集解》,[清]王先谦著,《诸子集成》(2),上海书店,1986年7月。

42.《商君书》,[清]严可均校,《诸子集成》(5),上海书店,

1986年7月。

43.《韩非子集解》,[清]王先慎集解,《诸子集成》(5),上海书店,1986年7月。

44.《吕氏春秋》,高诱注,《诸子集成》(6),上海书店,1986年7月。

45.《周礼注疏》,[汉]郑玄注,[唐]贾公彦疏,上海古籍出版社,2010年11月。

46.《礼记》,[元]陈澔注,上海古籍出版社,2016年11月。

47.《礼书通故》,[清]黄以周撰,中华书局,2007年4月。

48.《大戴礼记汇校集注》,黄怀信主撰,孔德立、周海生参撰,三秦出版社,2005年1月。

49.《礼记今注今译》,王梦鸥注译,新世界出版社,2011年8月。

50.《春秋繁露》,[汉]董仲舒著,中州古籍出版社,2010年1月。

51.《山海经校注》,袁珂校注,上海古籍出版社,1988年7月。

52.《夏小正正义》,[清]王筠撰,商务印书馆,1936年。

53.《鹖冠子校注》,黄怀信撰,中华书局,2014年4月。

54.《白虎通疏证》,[清]陈立撰,中华书局,1994年8月。

55.《论衡》,[汉]王充著,岳麓书社,2006年11月。

56.《周易参同契集释》,[东汉]魏伯阳著,[宋]朱熹等注,中央编译出版社,2015年6月。

57.《抱朴子》,葛洪著,《诸子集成》(8),上海书店,1986年7月。

58.《王弼集校释》,[魏]王弼著,中华书局,1980年8月。

59.《竹林七贤集辑校》,卫绍生辑校,中州古籍出版社,2018

年 11 月。

60.《世说新语校笺》，[南朝宋]刘义庆撰，[南朝梁]刘孝标注，中华书局，1999 年 2 月。

61.《肇论校释》，[东晋]僧肇著，中华书局，2010 年 7 月。

62.《出三藏记集》，[南朝梁]僧祐撰，中华书局，1995 年 11 月。

63.《高僧传》，[南朝梁]慧皎撰，中华书局，1992 年 10 月。

64.《续高僧传》，[唐]道宣撰，中华书局，2014 年 9 月。

65.《弘明集》，[南朝梁]僧祐编撰，中华书局，2011 年 1 月。

66.《广弘明集》，巩本栋释译，东方出版社，2018 年 10 月。

67.《大乘起信论校释》，[南朝梁]真谛译，中华书局，1992 年 4 月。

68.《三论玄义校释》，[隋]吉藏著，中华书局，1987 年 8 月。

69.《弥勒五论》，[印度]弥勒论师著，西北大学出版社，2004 年 11 月。

70.《瑜伽师地论》，[印度]弥勒论师著，西北大学出版社，2005 年 11 月。

71.《天台八部》，[隋]智凯大师著，西北大学出版社，2007 年 10 月。

72.《成唯识论直解》，林国良撰，复旦大学出版社，2000 年 4 月。

73.《华严金狮子章校释》，[唐]法藏著，中华书局，1988 年 9 月。

74.《妙法莲华经》，[后秦]鸠摩罗什译，中州古籍出版社，2010 年 8 月。

75.《金刚经集注》，[明]朱棣集注，齐鲁书社，2007年7月。

76.《大方广佛华严经》，[唐]实叉难陀译，上海古籍出版社，2006年7月。

77.《大方广佛华严经疏》，[唐]澄观撰，线装书局，2016年5月。

78.《新华严经论》，[唐]李通玄著，西北大学出版社，2005年11月。

79.《六祖坛经》，姚彬彬注说，河南大学出版社，2016年10月。

80.《五灯会元》，[宋]普济辑，海南出版社，2011年10月。

81.《初学记》，[唐]徐坚等著，中华书局，2004年2月。

82.《韩昌黎文集校注》，[唐]韩愈著，上海古籍出版社，2014年2月。

83.《柳宗元集》，[唐]柳宗元著，中华书局，1979年9月。

84.《周敦颐集》，[宋]周敦颐著，中华书局，1990年5月。

85.《邵雍集》，[宋]邵雍著，中华书局，2010年1月。

86.《张载集》，[宋]张载著，中华书局，1978年8月。

87.《二程集》，[宋]程颢、程颐著，中华书局，1981年7月。

88.《朱子全书》，[宋]朱熹著，上海古籍出版社，2010年12月。

89.《陆九渊集》，[宋]陆九渊著，中华书局，1980年1月。

90.《王阳明全集》，[明]王守仁著，上海古籍出版社，2011年9月。

91.《王心斋全集》，[明]王艮著，江苏教育出版社，2001年10月。

92.《李贽文集》(第一卷)(第七卷)，[明]李贽著，社会科学文献出版社，2000年5月。

93. 《明夷待访录》，[清]黄宗羲著，中华书局，2011年1月。
94. 《宋元学案》，[清]黄宗羲著，中华书局，1986年12月。
95. 《明儒学案》，[清]黄宗羲著，中华书局，1985年10月。
96. 《宋元学案补遗》，[清]王梓材、冯云濠编撰，中华书局，2012年月。
97. 《船山遗书》，[清]王夫之著，中国书店，2016年4月。
98. 《日知录》，[清]顾炎武著，上海古籍出版社，2012年7月。
99. 《顾亭林诗集汇注》，[清]顾炎武著，上海古籍出版社，2006年6月。
100. 《尚书古文疏证》，[清]阎若璩撰，上海古籍出版社，2013年10月。
101. 《周易述》，[清]惠栋撰，中华书局，2007年9月。
102. 《戴震集》，[清]戴震著，上海古籍出版社，2009年6月。
103. 《文史通义校注》，[清]章学诚著，中华书局，1985年5月。
104. 《曾国藩全集》，[清]曾国藩著，光明日报出版社，2015年3月。
105. 《新学伪经考》，[清]康有为著，中国人民大学出版社，2010年6月。
106. 《孔子改制考》，[清]康有为著，中国人民大学出版社，2010年6月。
107. 《大同书》，[清]康有为著，辽宁人民出版社，1994年9月。
108. 《史记》，[汉]司马迁著，中华书局，1982年11月。

109. 《汉书》，[汉]班固著，中华书局，2012年4月。
110. 《后汉书》，[南朝宋]范晔著，中华书局，2000年5月。
111. 《三国志》，[晋]陈寿著，中华书局，2007年5月
112. 《晋书》，[唐]房玄龄著，中华书局，2015年11月。
113. 《魏书》，[北齐]魏收撰，中华书局，1974年6月。
114. 《隋书》，[唐]魏征著，中华书局，1997年9月。
115. 《新唐书》，[宋]欧阳修、宋祁著，中华书局，1975年2月。
116. 《中国近三百年学术史》，梁启超著，中国社会科学出版社，2008年6月。
117. 《中国哲学精神及其发展》，方东美著，中华书局，2012年6月。
118. 《原始儒家道家哲学》，方东美著，中华书局，2012年6月。
119. 《中国大乘佛学》，方东美著，中华书局，2012年6月。
120. 《新儒家十八讲》，方东美著，中华书局，2012年6月。
121. 《华严宗哲学》，方东美著，中华书局，2012年6月。
122. 《刘师培全集》，刘师培著，中共中央党校出版社，1997年6月。
123. 《熊十力全集》（第六卷）（第七卷），熊十力著，湖北教育出版社，2001年8月。
124. 《汤用彤全集》（第一卷）（第二卷），汤用彤著，河北人民出版社，1999年3月。
125. 《国史大纲》，钱穆著，商务印书馆，2013年8月。
126. 《两汉经学今古文平议》，钱穆著，商务印书馆，2001年7月。

127.《中国近三百年学术史》，钱穆著，商务印书馆，1997年8月。

128.《中国思想通史》，侯外庐、赵纪彬、杜国庠著，人民出版社，1957年3月。

129.《中国近代学术史》，麻天祥著，武汉大学出版社，2007年4月。

130.《晚清佛学与近代社会思潮》，麻天祥著，河南大学出版社，2005年8月。

131.《中国通史》，白寿彝著，上海人民出版社，1989年4月。

132.《简明中国历史地图集》，谭其骧主编，中国地图出版社，1991年10月。

133.《始皇帝的遗产：秦汉帝国》，〔日〕鹤间和幸著，马彪译，广西师范大学出版社，2014年2月。

134.《中华的崩溃与扩大：魏晋南北朝》，〔日〕川本芳昭著，余晓朝译，广西师范大学出版社，2014年2月。

135.《绚烂的世界帝国：隋唐时代》，〔日〕气贺泽保规著，石晓军译，广西师范大学出版社，2014年2月。

136.《中国思想与宗教的奔流：宋朝》，〔日〕小岛毅著，何晓毅译，广西师范大学出版社，2014年2月。

137.《中国：发明与发现的国度》，〔美〕罗伯特·K.G.坦普尔著，陈养正等译，21世纪出版社，1995年1月。